女学校の誕生

女子教育史散策
明治前期編

神辺靖光 著

梓出版社

まえがき

本書は二〇一五年一月創刊の『月刊ニューズレター・現代の大学問題を視野に入れた教育史研究を求めて』（編集代表・冨岡勝氏、谷本宗生氏）の第一号から第四七号までに投稿した拙稿「逸話と世評で綴る女子教育史」をまとめたものである。

近時、日本近代教育史研究は長足に発達した。学校種別にみても小学校史、幼稚園史は言うに及ばず、中学校から実業学校、大学予科、専門学校、大学史の研究に及び、進学上傍系とされた教員養成系の学校史や女学校史の研究もそれに続いている。そして各学校史はそれぞれの時期の指導者層の教育思想とそれを踏まえた法令、制度の変遷を基礎に構成され確実なものになっている。一方、府県教育史をはじめとする自治体教育史及び各学校沿革史編さんの広まりと地方教育史研究の深まりで、各地に眠る教育資料が発掘され、一次資料による緻密な研究で学校設置の経緯とその変遷が明らかにされるようになった。

このようになると負の面もあらわれてくる。その第一は、教育史の専門家でなくては新しい教育史研究の意味がわからなくなったことである。新進気鋭の研究者は未拓の分野を切り開くのであるから、どうしてもある部分に焦点をあて全体の動きを画くのに疎になって〝木を見て森を見ず〟の弊に落ち入る。新資料を発見して異本と校合するのは研究者の醍醐味であるから、いきおい考証学的になって教育の大きな動きを見失うことになる。こうして最近の教育史研究は教育の、学校のトータルな変遷を検討することから離れて部分的な、また学校周辺の動きを精密に考察する傾向にある。数十年前に比べればトータルな教育通史は減ってきた。

教育史は教育史研究者のためだけのものではない。政治経済研究者も文学歴史学者も、また教養ある人々も広く教育史を知りたい、読みたいと思っている。しかし最近の教育史研究書はむずかしくて読めない、読んで面白くない。本書はこういう人々の要望に多少は応えることができるのではないかという気持ちで書き綴ったものである。

各学校の発生について基本資料はおさえたが、必ずしも一次資料にはこだわらない。先人の研究業績を尊重する。制度も基本的なものは書いたが法令法規を精密に書くことは避けた。代わりに新聞、雑誌の評論や広告を多用して、その時期の風潮、庶民の感情、感覚を写し出すのに努めた。学校創立者や教員の逸話や生徒の回想は教育通史では切り捨てられがちだが、本書は逆にできるだけ描出した。その時期の風俗を彷彿とさせ、共感してもらいたかったからである。女学校の草創期であるからすべての学校にふれたかったが、そういうわけにもゆかず、同じような学校を並べてもつまらないから選んだ少数の学校に限った。サブタイトルを「女子教育史散策」としたゆえんである。

本書の編さんに当たっては長本裕子氏（新渡戸文化中学校・高等学校元校長）に校正をはじめ全面的なご支援を頂いた。また小宮山道夫氏（広島大学准教授）にはニューズレターに投稿した拙稿を本書の記事のように編集し直して貰った。厚く御礼申し上げます。出版については梓出版社の本谷貴志氏にお世話になりました。記して御礼にかえます。

本書が多くの人々の眼にふれ、読んで頂ければ幸せこれに過ぎるものはございません。

二〇一九年一月十五日

神辺靖光

目次

女学校の誕生

女子教育史散策　明治前期編

プロローグ

はじめに

西洋列強の抑圧からはじまった明治維新は幕藩体制を覆すと尊王攘夷の旗印を文明開化に換え、西洋文化の摂取を急いだ。廃藩で禄を失った士族救済のため殖産を名目に北海道の開拓が急務となった。新政府は開拓使（北海道開拓庁）を新設して事に当らせた。開拓使次官の黒田清隆は開拓には人材が必要だ、人材養成は教育だ、よき教育は良き母親でなければならぬ、それには欧米流のよき母親になる女子教育だという面白い論法で本邦初の女子留学生派遣を実施した。『女学校の誕生』の序幕にまず黒田清隆に登場して貰う。

江戸は幕藩体制の牙城であった筈だが、明治になり、東京に変わると文明開化の渦潮に巻き込まれた。なかでも英語を学ぶ女子学生の姿が人々の目を引いた。序幕に当って点描しよう。

黒田清隆の女子教育論と女子留学生

明治のはじめ、いろいろな女子教育論がでるが、開拓使次官・黒田清隆の女子教育論ほど奇抜で壮大なものはない。黒田は伊藤博文初代総理大臣の後を受けて第二代総理の椅子に座った人物で、晩年は生来の酒乱がたたって奇行が多く評判がよくないが、若い頃は薩長同盟に奔走したり、奥羽征討軍参謀として活躍したりした。箱館戦では敵将・榎本武揚の助命に奔走したり、北海道開拓に功績を上げたりで、輿望を担ったものであった。次にあげるのは明治四年十月、黒田が北海道開拓使次官の時、政府に上書したものである。

夫レ開拓ノ要ハ山川ノ形勢ヲ審ニシ道路ヲ通シ土地ノ美悪ヲ察シテ牧畜栽培ヲ盛ニシ以テ生ヲ厚シ俗ヲ美スルニ在リ。然而テ之ヲ為スハ人才ヲ得ルニ因ル。人才ヲ得ルハ教育ニ有リ。今ヤ欧米諸国能ク子弟ヲ教育シ児子未タ襁褓《きょうほ》ヲ免レスシテ能ク菽麥ヲ弁ス。是他ナシ其母固ヨリ学術アリテ幼稚ノ時ヨリ能ク其教育ノ道ヲ尽スニ由ルナリ。然ルハ則チ女黌ヲ設ケ女学ヲ興スハ人才教育ノ根本ニシテ一日モ忽《ゆるがせ》ニス可カラサルナリ。他日果シテ此黌ヲ設ケ人材教育ノ基ヲ立ルハ今ヨリ幼年ノ女子ヲ撰ミ欧米ノ間ニ留学セシメ其学資ハ当使定額中ヨリ之ヲ措弁スヘシ（『開拓使事業報告』明治十八年大蔵省刊）

政府は黒田開拓使次官に欧米の開拓事業調査を命じた。黒田は勇躍、調査に出かけ、往復、米国を通過した。そこで彼は活発で教養のある多くの女性に出会った。〝これだ〟と直観した黒田は、当時弁務使としてワシントンに滞在していた同郷の森有礼を尋ね、まず森に、〝米国婦人を嫁に貰え〟と強要し、次いで日本の少女を米国に留学させようと提案した。森は嫁の件はことわったが、日本人少女の留学には讃同した。そこで、帰国後、政府に上申した文が右のものである（吉川利一『津田梅子』）。

この文は、〝開拓ノ要ハ〟ではじまる。今や新しい事業を起すには人材を得なければならない。日本には人材が少ないが欧米には多い。それは子どもの頃の教育がよいからである。子どもの教育がよいのは母親に学問があって教育熱心だからである。ゆえにわが国はすぐにでも、よき母親をつくるために女学校を設けねばならず、また欧米の女子教育を見習うために少女の留学生をかの国に送らねばならない。大方、こんな論法であろう。

まず日本の少女を欧米に留学させる。少女達が欧米のすぐれた教育を受け、教養ある婦人となって帰国し、母となり、女教師となって子どもを育てれば日本人は人材となって働くから日本の開拓は進み、豊かな美しい国になる。こんな夢想的ではあるが、壮大な計画である。

この上申書に岩倉具視が賛成したので、ここに日本初の女子留学が決まった。早速、留学希望者を募ったが、なかなか集まらない。それはそうだろう。まだ汽車も通らない日本で国内旅行もしたことがない日本の娘を海をへだてた外国へ勉強させようとする親があるだろうか。五人の女子留学生が横浜をたつ時、〝鬼のような親の顔が見てみたい〟というささやきが見送る群衆に洩れた。

それでも五人の女子留学生が決まった。明治五年の『新聞雑誌』二一号に次の記事がある。

今般黒田開拓次官周旋ニテ女学生五名亜墨利加《アメリカ》国留学トシテ同国全権公使デロングノ妻ニ託シ十一月十二日横浜出帆紐育《ニユヨルク》府へ差《ツカワ》セリ

其ノ人員ハ
東京府出仕　吉益正雄娘　亮子　十六歳
静岡県士族　永井久太郎娘　繁子　十歳
東京府士族　津田仙娘　梅子　九歳
青森県士族　山川与十郎娘　捨松　十二歳
外務省中録　上田駿娘　梯子　十六歳
右ノ者同月九日宮内省へ召セラレ皇后ノ宮ヨリ茶菓並紅縮緬壱匹宛下シ賜リ左ノ御書付御渡アリタリ　其方女子ニシテ洋学修行ノ志誠ニ神妙ノ事ニ候　追々女学御取建ノ儀ニ候へハ成業帰朝ノ上ハ婦女ノ模範トモ相成候様心掛日夜勉励可致事

右記五人の家はすべて戊辰の戦いで官軍の攻撃を受けた者である。会津藩士・山川与十郎が青森県士族となっているのは会津落城後会津士族はあげて斗南に移住させられたからである。この山川捨松の長兄・山川浩は動乱の激動に堪えながら高等師範学校長となり、次兄の山川健次郎は白虎隊の一員であったが、イエール大学に学び、後、東京、京都、九州三つの帝国大学総長を歴任した。上田駿は幕臣で早くも新政府に仕えたが、明治五年には東京築地万年橋に上田女学校をたて、外国人教師を雇って英語を教えている。幕臣・津田仙は幕末に渡米し、彼地の農業を調べ、東京麻布に学農社をおこし、また『農学雑誌』を発行して欧米の農業を拡めた人物として知られる。かように女子留学生の親兄弟は官軍に攻められた敗北側の人々で、明治になって欧米の知識で文化活動を行った人達であった。

随行者の中には福地源一郎のように佐幕反官軍の論陣を張った新聞記者もいる。天下の暴れ者を集めたと言われる。全権大使・岩倉具視、副使・木戸孝允、大久保利通、伊藤博文、山口尚芳等は戊申戦争官軍の首脳。また、華族子弟の留学生もいる。この一行に五人の少女留学生が加わって、パシフィク・メイル・ライン社のアメリカ号は横浜港を出発した。時に明治四年十一月十二日、この日の乗船の乱雑さ、無秩序さを久米邦武は『米欧回覧実記』に記録し、司法大輔・佐々木高行は〝外国人に見られて恥ずかしい〟と『保古飛呂比《ほごひろい》』に書いている。

日本人少女のアメリカ留学

一八七一年十二月二十三日、日本初の公式女子留学生を乗せた太平洋汽船会社のアメリカ号は横浜港を出港した。少女たちは船酔いに苦しみながらも、持たせて貰った『英語入門書』を片手に英語の練習をしながら海路二三日、七二年一月十五日にサンフランシスコに着いた。当市では州知事をはじめ市民の大歓迎を受け、一月三十一日、列車五両を借り切ってワシントンに向かう。シカゴで五人の少女は岩倉大使にねだって洋服を買って貰った。二月二十九日、ワシントン着、弁務官・森有礼の出迎えを受けた。ここで少女達は岩倉大使一行と別れ、吉益亮子と津田梅子はワシントン郊外のジョージタウンにある日本弁務使官書記チャールズ・ランメン方に、他の三人は附近の家に引きとられた。

森は五人の少女達の教育を考え、ワシントン市内に一軒の家を借り受け、教師を雇って英会話を教え、米国での生活に慣れさせようとした。少女たちはここに集まり、言葉の練習のほか、ピアノの稽古などして楽しい日々を送った。また日曜日には公使館に遊びに行き、森から米国の社会について教えて貰った。

吉益亮子は眼を患い、勉強も休みがち、上田梯子も健康が勝れないので、この二人の年長者（この年、一七歳）は帰国することになった。残る三人は、それぞれ優良な家庭に預けて勉強させることにした。ホームステイである。十月末、二人の帰国を機に、三人の少女はコネチカット街を引き上げて山川捨松（一三歳）はニューヘヴンのレオナルド・ベーコン方に、永井繁子（一一歳）はフェア・ヘヴンのジョン・アボット方に預けられた。みな、森の斡旋によるものである。最年少の津田梅子（一〇歳）だけは幼少すぎて預り手がなかったが、ランメン夫人が、一年だけならばという条件つきで預かることになった。ところが愛情が移って、梅子は一〇年間もランメン邸に暮らすことになる。

三人の少女を預かった家庭は、いずれも教養がある理想的家庭で、少女たちはここで欧米の文学と芸術に目が開かれた。永井繁子と山川捨松は土地の小学校と中等学校を了えた後、ニューヨーク州の Vassar College で音楽・文学を学んだ。津田梅子はワシントン市内の Archer Institute で、英文学のほかフランス語、ラテン語を学び、心理学・星学に及んだ。この学校は一〇〇名ばかりの中流家庭の女児を教える小さな女学校であったが、卒業式には大統領夫人が臨席して証書を渡すという格式の高い学校であった。

1873 年 4 月『開拓史日誌』
17 号掲載の津田梅子
（宮武外骨『明治奇聞』）

一八八一年春、開拓使から三人に帰朝の命令がきた。永井繁子は、その秋、帰国したが、捨松と梅子は一年間の延期を請い、許されたので八二年十月の末、サンフランシスコを解纜《かいらん》した（吉川利一『津田梅子』）。

一〇年にわたった留学で、三人は日本語を忘れ、親兄弟との対話もできないほどだった。しかし時は極端な欧化時代にさしかかり、鹿鳴館では連夜、宴が張られて伊藤、山県、大山等の政治家が仮装し乱舞する有様であった。英語が自由に話せ、ダンスはあちら仕込みの彼女達はたちまち花形女性として注目された。山川捨松は陸軍卿大山巌に懇望され元帥夫人となり、永井繁子は海軍大将瓜生外吉夫人になった。大山捨松になってからも華族女学校設立に尽力したり、津田英学塾の募金会長を勤めたり、日本初の慈善バザー主催、日本赤十字社篤志看護婦人会創立等、欧米流社会奉仕活動を日本に拡めた。

大山捨松は徳富蘆花の小説『不如帰《ほととぎす》』に、浪子に対する冷酷無情なまま母として描かれているが、彼女が封建的なまま子いじめなどするはずはなく、米国の進んだ衛生思想から別むねの病室をたて、病人を隔離したのを旧式の女中たちが悪いうわさをたてたのだ（木村毅『海外に活躍した明治の女性』）。

開拓使はすでに廃止されたので彼女達はその方面で活躍する場がなくなり、瓜生繁子は一八八二年、新しくできた音楽取調所（後の東京音楽学校→現東京芸術大学）で、Vassar College で習い覚えたピアノ演奏をした。

最年少の津田梅子は現津田塾大学に続く女子英学塾をつくるのだが、これは本節で簡単にふれるのでは許されない。稿を改める。ここでは彼女の文才について一言述べたい。彼女は英文の著作が多く、教科書もつくっているが、多くの日本古典を優雅な英文にして出版し、絶賛を博した。留学中、詩を愛唱し続けた賜物であろう。かの地の名作を美しい日本語に直した村岡花子と好一対である。

少女達の留学について森有礼がこまごまと気をつかったことは述べた。森の帰国後は米国公使・吉田清成が世話をしている。この留学は彼女たちの天賦の才能と努力でもあるが、日本政府要人の後楯があった。黒田清隆の理想の一端は成就したと言えよう。

北海道開拓者の妻を養成する開拓使女学校

開拓使は太政官政府の官庁の一つで省と並ぶ格式である。その長官は各省の卿と同格であった。北海道の開拓を任務とする。はじめ、明治政府は北海道を有力各藩や武士団で分割開拓するつもりであった。しかし奥羽のいくつかの藩が応じただけで、全国の雄藩からはそっぽを向かれた。そこで、政府は開拓使次官・黒田清隆に命じて欧米の開拓事情を調べさせ、西洋流で開拓することにした。

黒田の北海道開拓事跡については、明治十八年大蔵省刊『開拓使事業報告』第四編にくわしく書かれている。本稿は同書と、それを要約した『創基五十年記念・北海道帝国大学沿革史』（大正十五年刊）、さらに、開拓部分を補訂した三好信浩『日本農業教育史の研究』（昭和五十七年刊）によって書こう。

北海道開拓の使命を帯びて渡米した黒田は米国の大農式農業に魅せられ、米国農務長官・ケプロンを日本開拓使顧問にすることを約し、開拓の専門家二名を雇入れ、開拓機械を買入れて帰国した。

明治五年一月、まず農工の仮学校を東京に設け、その成果を見た後、これを北海道に移すという計画をたて、三月、東京芝の増上寺の方丈跡を仮学校として、四月に開校した。六月、開拓使は仮学校に女学校を併設し、官費生、一二歳から一六歳までの少女二〇名を募集した。この種の募集は官庁の役人の口添えで行われたが、黒田のやり方は、そんな生ぬるいものではなかった。開拓使の部下を使って北海道開拓者の娘たちの中から札幌周辺で九名、函館周辺で六名の少女を集め、小樽、函館から汽船で東京に送った。その中に五人のアイヌ人がいる。士族・平民の差別、人種の偏見がある当時、思い切ったことをするものである。南北戦争後の人種平等を主張するアメリカを見てきた黒田だからであろう。この直後、政府から生徒への官費支給廃止が告げられた時、黒田は、これらの生徒は〝みなわが開拓使の子ども〟だから官費支給せよと譲らなかった。かくして明治五年九月、東京芝の開拓使仮学校で、この女学校は発足したのである。

入学に際し、女生徒達は次のことを誓わされた。「成業ノ上ハ五年間、御使ニ従事可仕、且北海道在籍之人ニアラザレバ婚姻仕ル間敷事」。官費生であるから、卒業後五年間の開拓使勤務は当然のこととしても、北海道開拓者との結婚を強制するなど常識では考えられぬ。つまり、この女学校は開拓使学校卒業者の花嫁養成学校として考えられたのである。黒田だからこそ思いつく奇策であった。後年、昭和のはじめ、現中国東北部に展開した満蒙開拓青少年義勇軍の開拓者に対して、〝大陸の花嫁〟と称して未婚女性を組織的に送り出したことがある。それが人間蔑視とも気づかず、このようなおせっかいのやり過ぎは日本人の悪しき一つの習性か。諸外国でこうした事例は聞かない。

開拓使仮学校は普通・専門二科として発足した。普通学は皇漢学、英仏語、算術、手習、日本地理、窮理、歴史、体操、舎密《せいみ》、器械、測量、本草、鉱山、農学。専門学は、器械舎密、鉱山地質、建築測量、農学本草学禽獣学の四コースの一つを選択するようになっていた。これに対し、女学校は漢学、英学、習字、数学、裁縫の普通課程だけであった。

こうして発足したものの、開校一ヶ年もたたぬ明治六年三月、仮学校は一旦閉校になった。逸話を書けば、風紀の頽廃に立腹した黒田がステッキを振り廻し、真赤になって怒り、生徒を追い出して閉鎖したとされる。その理由は生徒が外国語に通ぜず、外国人教師の言うことが、全くわからなかったからであった。そこで、専門学はやめ、普通学だけで再開し、学校の方針を練り直することになった。

前にあげた専門学のコースでわかる通り、仮学校は鉱工業と農業の専門学校を目指したものであった。これは仮学校の専門学のお雇い教師アンチセルの提案で、東京には耕作学校（農業と工業）を、札幌に術科学校をたてる予定であった。これに対し、開拓使顧問のケプロンはマサチュセッツ農科大学をモデルとしたAgricultural Collegeをたてる計画であった。黒田ははじめ、アンチセルの計画によったが、専門学実施の困難さを悟り、アンチセルを解雇し、ケプロン案によりマサチュセッツ州農学校長クラークを招聘して札幌農学校設立に向かうのである。

この間、女学校は外国人女教師を何度も替えながら英語をはじめ、もろもろの学習に励んだ。明治六年五月には皇太后、皇后の行啓があり、励まされた。また洋服を廃し、日本風小倉織和装にする一方、食事はパンと肉食に改め、米の少ない北海道に適応させるようにした。

かくて明治八年七月、東京の開拓使仮学校と女学校を札幌に移転し、札幌学校、札幌女学校と改称した。東京から札幌女学校に移った生徒は三四名。この中にアイヌ娘はすでにいない。開拓使当局は校舎の整備につとめた。また見張所を造築して熊の来襲に備えた。女生徒達がクマの出没に恐れをなしたからである。女生徒達は熊の出現もさることながら、気候風土の激変に堪え切れず、退学を願うものが続出した。明治九年五月二日、遂に札幌女学校廃止、女生徒は帰京し、東京からついてきた英国女教師エリザベス・デニスは六月帰国した。かくて黒田が企図した開拓者のための花嫁学校は壊滅した。
女学校の廃止解散と入れ替わるように、九年七月、ウィリアム・クラークが東京で面接し、入学を許した学生一一名を伴って札幌にきた。八月十四日に開校式を挙行し、九月八日に札幌農学校と改称した。現北海道大学である。

東京の英語女学生

東征軍の進駐、江戸開城の混乱の中で、疎開者が相次ぎ、

お江戸見たけりゃ今見ておきゃれ
今にお江戸が原になる

と謡われた東京も、明治二年には疎開者も帰り、全国の大名も続々東京に集まり、四年の東京は「都府ノ盛ナル」（『新聞雑誌』一八号）と嘆ずる程に復興した。新聞はまた「学校ノ盛ナル事古来イマダ嘗テ有ラザル所ナリ」とも評している。この学校盛況の中で、女学生が登場した。

女学教授ノ者相継テ出テ所々ニ塾ヲ開キシヨリ往々婦女子ノ袴ヲ着シ洋書ヲ懐ロニシ街上

ヲ往来スルヲ見タリ（五年二月『新聞雑誌』）。

官立東京女学校、開拓使女学校が開校し、英語私塾に女学生が通いはじめた頃である。『新聞雑誌』や『東京日日新聞』に私立女学校開校の記事が散見される。

府下神田佐柄木町ニ於テ昨冬建設セル女学校芳英社ニテ五月十二日ヨリ南校御雇教師ウィルソン妻ハイレス併ニ当府貫族斉藤三助妻常女ノ両人日々出張シ英学ヲ教授シ四方ノ佳人才女追々雲集セル由（明治五年五月『新聞雑誌』）。

この外にも洋学女学校の開校記事はいくつもある。それは洋学を学びたいという女性が引きも切らずにあったからである。

元会津藩士和田某ノ妻千賀ト云ル者、夫故アリテ没セシ後、名ヲ佐渡《さと》ト改メ、諸方ニ流浪《ルロウ》シ当時府下難波町四番地所ニ住シケルガ今般府下ニ洋学女校御開ニ付、兼テ洋学ニ志セドモ十五歳以上入校御免許ナキヲ遺憾ニ思ヒ自ラ文部省ニ進言シ遂ニ女学校教場手伝ヲ命セラレタルガ寔《マコト》ニ昭代盛事ノ一端ニシテ婦人出仕ノ嚆矢《サキガケ》ト謂フベシ（明治五年『新聞雑誌』三五号）。

東京女学校の入学年齢が八歳から一五歳までという制限があったから文部省にかけ合って助手として入学させて貰ったという話である。

洋学を志す女性は、武家の未亡人というような身分ばかりではなかった。銀座に住むある弦妓は、客の書生が英語で喋るのを聞いて発憤し、髪の調度を売り払い、愛宕下の某義塾に通学した（明治五年四月十六日『東京日日新聞』）。

こうした洋学、英語熱の蔓延で英語女学校が叢生し、女学生が街に現われたのであるが、世評は必ずしも芳しいものではなかった。

洋学女生ト見エ大帯ノ上ニ男子ノ用ユル袴ヲ着シ足駄ヲハキ腕マクリナトシテ洋書ヲ提ケ往来スルアリ。如何ニ女学生トテ猥ニ男子ノ服ヲ着シテ活気ガマシキ風俗ヲナス事已ニ学問ノ他道ニ馳セテ女学ノ本意ヲ失ヒタル一端ナリ（明治五年『新聞雑誌』三五号）。

おなごながらもまち高袴
肩で風切る日曜日（明治七年十月・開化六歌仙）

このように風刺された。

外部者の観察ではなく、卒業生の回想はどうだろう。英語の桜井女学校の卒業生は、こう語っている。

私は盲縞の上っぱりを着て紫の兵児帯をしめてゐたから、ひとは男の子と思っていた。私自身も男の子のつもりで銭湯に行くときは男の子達と一緒にゆき、体中を石鹸の泡だらけにして湯ぶねに飛び込むので湯屋から学校に苦情がでて、あの男の子達をよこしては困ると言ってきた（ガントレット恒『七七年の思い出』）。

乗馬の娘　東京を駆け回る　明治5、6年頃
（宮武外骨『明治奇聞』）

浅草のある親分の姐御と呼ばれる人が車に乗って毎日番町まで通って来たのを覚えている。眉を落し、酔な銀杏返しに藍の小弁慶縞の着物、博多茶献上の帯というい で立ちで、また、その凄みのある顔は、まことに子分なぞ縮み上がるといった風貌であった。こういう人がエービーシー、グットモーニングなどと習うのだから、まことに珍しい風景であった（田村ゐい覚書）。

浅草西鳥越町に報国学舎という英語学校があった。久留米藩主の有馬頼咸が開いたもので、英国人女教師を雇い、女学生も受け入れていた。後に日本社会党で活躍する山川菊栄の母、青山千世は明治六年、報国学舎に通って英語を学んだが、生意気盛りの男子生徒はことごとに女子生徒をいじめた。その時、千世の友人の女子生徒が男子に投げつけた啖呵はすさまじい。「何をッ！べらぼうめ、おたんちん野郎！　女だろうがおたふくだろうがてめえらのお世話になるかってんだ。女に英語が読めてくやしいか。男のくせにケチな野郎だ。くやしけりゃ遠慮はいらねぇェ。てめらも負けずにペラペラと読んで見ねぇ。さ、読んでみな。読めねえか。ざまぁみやがれ」（山川菊栄『おんな二代の記』）。

勿論、女生徒がみな、こんな調子ではなかったろうが、明治初年の東京の英語女学校には威勢のよい伝法肌の女子が多かったようである。勝ち気でなければ英語は学べない。

一　女学校のはじまり

はじめに

江戸時代の末期から〝女学校〟というコトバが散見される。「女学校論」もあった。廃藩置県直前の山陰山陽地方のいくつかの藩は藩立の女学校をつくった。いずれも長つづきしなかったが封建時代を背負いつつ、それから飛翔しようとする姿は見てとれる。明治五年二月、東京竹平町に官立東京女学校が開校した。明治の政府がはじめてつくった女学校である。

奥村喜三郎の『女学校発起之趣意書』

女学校というコトバは、何時頃から出はじめたのであろうか。〝学校〟は中国の古代からあるが、日本で学校論が盛んになるのは近世・江戸時代からである。数多ある学校論で〝女学校〟はなかなか見つからないが、管見の範囲では奥村喜三郎の『女学校発起之趣意書』がはじめてではないかと思う。天保八（一八三七）年に上梓した小冊子である。昭和三十年のある日、師の尾形裕康先生宅で、師の蔵書である和袋綴一〇丁本のそれを見せて貰ったことがある。

奥村喜三郎は幕臣で、江戸増上寺の御霊屋《おたまや》代官であった。若い頃から地理学者で天文家、その上、洋画家でもあった司馬江漢の門に出入りし、測量家として名をなしていた。また経世的蘭学者で蛮社の獄に連座した高野長英の門人でもあった。

奥村の『女学校発起之趣意書』をみよう。

日本は地形上からみて、非常によい国である。ために先祖代々、人々は豊かに暮らしてきた。しかるに太平が続いたため、奢侈遊惰になった。なかでも女子の驕りは甚だしい。その元はと言えば、母親の躾、教育がなっていないからである。また手習師匠がよくない。昔は手習師匠は厳しいものであったが、今は師匠が子どもや親の気嫌をとっている。揃いの浴衣《ゆかた》、揃いの手拭を染めさせ、髪に造花をつけさせて遊山を催すとは何事か（江戸の寺子屋師匠は春秋にお花見、紅葉狩と称して、このような格好で遠足したものである）。そこで奥村は、このたび少女のために女学校《おんながっこう》をつくった。女学校ではまず、和様の読み書きを教える。次に行儀をよくするため躾をきびしくし、長刀《なぎなた》、小太刀《こだち》の使い方も教える。そして女として一番重要な縫いもの、機織《はたおり》、糸

奥村喜三郎『女学校発起之趣意書』表紙

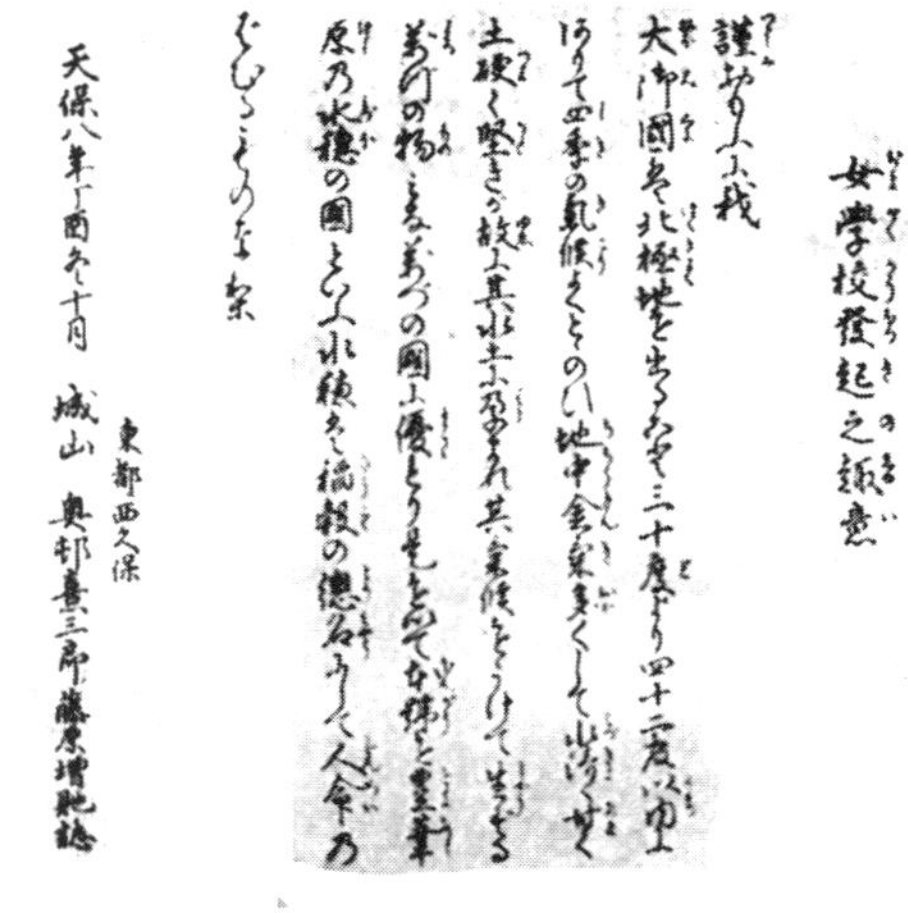

奥村喜三郎『女学校発起之趣意書』
初めと終りの部分

とり、綿摘みの技術を教える。この女学校はやがて、ご府内各所につくるつもりだ。これを四方の親に知らせるためにこの趣意書をつくった。

彼がこの趣意書をつくった動機は、前にあげた通り、昨今の奢侈遊惰、とりわけ婦女子の驕りに対する憤りであった。彼はこれを縷々述べている。

第一は、服装化粧の華美なること。「櫛、笄《こうがい》、衣服の花美はいふもさら也、其日暮しの女房、娘までも髪結女に髪を結わせ、湯屋の男に背を洗わせ、前直垂の紐に縮緬《ちりめん》を遣い、下駄の鼻緒《はなお》に天鵞絨《びろうど》を用ふる世の中となり風俗殊の外いやしくなりたり」と言い、また義太夫ぶし、新内節の女浄瑠璃がふえたこともけがらわしい。これは「乞食《こじき》、非人にひとしき所業《しわざ》」で浅ましい。親も親で、幼女に芸をしこみ、母親が三味線箱を抱えて、親が娘のはき物を提《ささ》げ、子は親をお供に「つんつん」歩くなど恥を恥ともしない。娘の化粧もよくない。鼻と首筋ばかり白く塗り立てるのは役者の舞台顔の真似で、芸者、土弓場女、茶屋女等、色を売る者がやっていることを素人までもやるようになった。

最近の女子は琴、三味線、胡弓、鼓、笛、太鼓、踊など遊芸を知らぬは恥とばかり覚えて、肝心の機織《はたおり》、糸とりはもとより、物縫うことさえ、いやしきものとして習わない。情けない風俗になったと慨嘆している。

式亭三馬の『浮世風呂』にお丸（少女の名）の言として「まあお聞な、朝むっくり起ると手習のお師匠さんへ行ってお座を出してきて、夫から三味線のお師匠さんの所へ朝稽古に参ってね、内へ帰って朝飯《あさまんま》をたべて、踊の稽古からお手習へ廻って、お八つに下ってから湯へ行って参ると直《すぐ》にお琴のお師匠さんへ行て、それから帰って三味線や踊のおさらひさ、其内に、ちィッとばかり遊んでね、日が暮ると又琴のおさらひさ」とある。

当時の町人の娘のお稽古ごとは、かように盛んであった。文化文政期の爛熟江戸文化が奥村の天保期まで続いている。

機織をしなくなったというのは、江戸後期にはマニュファクチャーの時代になって、機織は近郊在地の地場産業化して、江戸市中には機織がなくなっていた。縫い仕事も、専門の仕立屋、ないし寡婦の仕立業があったからであろう。

ともあれ、奥村は盛んになった女子の遊芸稽古を否定して、読み書き、躾、特に縫いものを重視する女学校、親の手から離れた施設、機関としての女学校設置を主張したのである。

吉田松陰の女学校

幕末の志士・吉田松陰の『武教全書講録』の中に次の一節がある。

国中に於て一箇の尼房の如き者を起し、女学校と号し、士大夫の寡婦、年齢四五十以上にて貞節素より顕はれ、学問に通じ女工を能くする者数名を選挙し、女学校の師長となし、学校中に寄宿せしめ、扨《さ》て士大夫の女子八才若しくは十才以上の者は日々学校に出だし、願ひに因っては寄宿も許し、専ら手習、学問、女功の事を練熟せしむべし

ここに言う国中とは松陰が属する長州藩のことで、藩立女学校を一校たてると言うことである。されぼこそ、貞節、学問、女功に優れた藩士の未亡人を教師に選び、八歳から一〇歳以上の藩士の娘を毎日、女学校に通わせるというのである。奥村喜三郎の女学校が、江戸市民の女子を対象としているのに対し、吉田松陰の女学校は長州藩の武士の娘を対象にしているのである。

女学校で教える内容は手習と学問と女功である。女功とは女の手わざ、即ち機織《はたおり》、糸とり、綿摘み、裁縫等をさす。この点は奥村の主張と共通するものである。

奥村が女学校をはじめようとした動機は婦女子の奢侈遊惰に対する憤りであるが、その憤りは女性の華美な服装化粧や過度な遊芸稽古に向けられた。これに対し、松陰の女学校論の動機は如何

なるものであったか。

吉田松陰は短い生涯に多くの著述を遺しているが、まとまった教育論、学校論というものはない。彼はあらゆる著述の中で、女学校論を展開しているのである。玖村敏雄氏『吉田松陰の思想と教育』と中泉哲俊氏『日本近世学校論の研究』が、松陰の全著作を検討して、(一)大学、(二)兵学校、(三)工作学校、(四)田園士塾、(五)女学校の五学校を構想しているとした。

大学は京都、即ち朝廷に属する最高学府、兵学校は伏見あたりに置く軍事学校、工作学校は大城の近くに置く職人養成の技術学校で、この三学校は日本国家防衛のための構想である。田園士塾は城下に住む藩士を近郷田園に住まわせて兵農一体とすれば、経済的であるし、且つ士風も改まると言うもの、武士の娘は城下の女学校に通わせて女の手わざを教えてしつける。この二つは防長二州の武家を対象としている。

幕藩体制下の封建制度が続くとの思考のもとに、女学校を右の四学校と関連して構想しているのである。しかし各学校の教育内容は斬新で、いずれも西洋先進諸国の学問技術をとり入れなければならぬとする。その根本理念は西洋列強の侵略から日本国を防衛しなければならないという国防論から発しているのである。それ故に学校教育では武士道によって武士に奮起を促し、武士の娘にも烈女たることを求めるのである。前にあげた女学校論に続けて松陰は曹大家の女誡の一節をあげ、「吾が心を獲ると言うべし」(曹大家の女誡は私の心と同じだ)と述べている。曹大家とは後漢後宮の師範をつとめた班昭のことで、その「女誡」は劉向の『古烈女伝』と並んで、女性の生き方、道徳書として中国でも日本でも長く広く読まれてきた古典である（山崎純一『教育からみた中国女性史資料の研究』）。一言で言えば、封建社会にあって夫に仕える妻の生き方をこまごまと述べたものである。これを烈女とか、烈婦と言う。

松陰の烈女論は、これに範をとりながらも、日本社会を見ながら、具体的に述べている。第一に、従来、女子には『源氏物語』や『伊勢物語』を読ませ和歌・俳諧・茶湯などをたしなませるが、こうした文芸趣味におぼれることは警戒しなければならない。

第二に、『女大学』類は夫に従順、倹素、清苦などよい教えがあるが、これらは太平の世に通用するものである。一たび事変があれば、妻たるもの、夫に代わって事に処し、義を守って節に死なねばならぬ時があるから、女子には節烈・果断を教えねばならない。これを教えるには家庭教育だけでは足りないから、女学校が必要だと言うことになる。

戊辰戦争、明治維新までは見通せなくても松陰の眼には騒乱、事変が予見されたのであろう。事変に際して、命を棄てても義を守る果断の女性、それが烈婦、烈女で、松陰があげた理想の女性には源義経の妾とか、武田勝頼、細川忠興の妻とか、夫に殉じた武将の女が多い。

要するに松陰の教育論はすべて武家を対象とし、国防、武士道から発するから、男子には西洋の学問技術の摂取を言うが、女子には夫に仕える古典的婦道を説く。ただし、目前に迫った変事を予期していたから、変事には死を以って対処できる果断の女性、烈婦を目指す教育を説いたのである。

「女大学」と節婦烈女と薙刀

吉田松陰の女学校論は封建社会にあっては画期的な新しさを持つものであった。松陰は攘夷論者でありながら、進んで西洋列強の学問技術を取り入れようとした。闇くもに夷狄を討ち払えと言うような暴走者ではなかった。それと同じように、日本古来の女子教育思想によりながらも、それを改革し、新生面を開こうとしたのである。

伝統的な女子教育思想は平安朝から室町時代まで貴族や上流武家で生まれた『源氏物語』『伊勢物語』『古今集』などを読み習う文芸趣味とそれを覚えることからくる礼儀作法、女のたしなみを重要視したものである。次いで武家の時代が到来すると、儒教思想、とりわけ中国の女訓の移植から、「女大学」的な女訓書がやたらにできて、家を中心とする女の道徳、女子の教育が主張されるようになった。「女大学」は他家へ嫁するまでの女子の教育と妻になってからの心得をこまごまと記したものだが、日常生活はすべて家中心で、人間関係も夫への服従を軸に舅姑、小舅、小姑、親類、雇人へのつきあい方で、家の外へ出ることはない。社会が動くということを全く忘れたかの如く、主婦としての心得も家事一さいも古の如く、習慣をつなげればよいとしている。従って、これの信奉者は新しい流行を奢侈堕落ととらえ排斥するのである。

松陰は前回述べたように『源氏物語』等を読むことを是認しているが、それに溺れるなと警告し、「女大学」類も、平時は、それで務まるが、事変が起ると、それでは務まらないと警告したのである。そして家の中だけに止まらず、世の中、社会にも出て事変に対処できる主婦を求めて女学校創設を提案したのである。これまでの女子教育は飽くまで家庭内で完結する考え方であった。これに対し、松陰は藩がつくる女学校に女児を通わせて、他人の中で教育しようとしたのである。閉ざされた「女大学」への挑戦である。

「女大学」の教育では家の中にだけ責任を持てばよかった。だが、藩の女学校で教育を受けたのであれば、藩の安否、盛衰に対しても責任の一端を負わねばならない。事変、騒乱の時にも対処できる節婦烈女たれという松陰の言はそれである。

節婦烈女は、いざ戦争となれば自若として夫や息子を戦争に送り出さねばならぬ。敵が城下に迫れば、薙刀《なぎなた》、小太刀《こだち》で戦い、辱ずかしめを受ける前に自刃しなければならない。そのために、武家の娘は嫁入りに際し、短刀一振り持たせられたし、長刀の稽古をしたものである。前にあげた奥村喜三郎の『女学校発起之趣意書』で長刀、小太刀の稽古があがっているのがそれである。奥村の女学校は江戸市中を対象としているが、下級武士の住居地は庶民と混在しているからそうなったのであろう。

これより数年後の戊辰の年、会津の戦闘では二〇数名の娘子隊が薙刀をふるって奮戦し、戦死者を出したし、藩士の妻女で自刃した者は三〇〇名にのぼったと言う。松陰の予言は適中したのである。

明治三年に但馬の出石藩が女学校をたてた。上校と下校があり、上校は武家の娘、下校は庶民の娘の学校である。八歳から一四歳まで、毎月、概ね奇数日の登校で、読み書き、縫いつむぎ、煮たきの稽古が課せられた。ただし上校の女学校、武士の娘には、その上、琴の弾き方とピストル（短銃）の打ち方稽古が課されている。ピストルは自裁用の短刀に代わるものであろう。出石藩は戊辰戦争の戦場にはならなかったが、仙石騒動といわれるお家騒動があって、重臣の追放・切腹などが頻発したし、幕末には勤王派の武士達の通過地点で天下騒乱を感じていた。それにしても廃藩置県の直前、文明開化のとば口にあって、妻の自裁用ピストルの打ち方を稽古させる女学校ができるとは。烈女を求める風潮が底流していたことを思わせるのである。

明治初年の文明開化以後、欧化政策と相まって、教育の西洋化近代化が進んだ。女学校はその先端で、「女大学」は福澤諭吉はじめ多くの論客によって批判され、影をひそめた。極端な西洋化に対する穏健な伝統回帰の女子教育論は出たが、節婦烈女を求める女性論はしばらくは現われなかった。しかるに日露戦争が終った明治末年になると、わが子を戦場に送って嘆かない、悲しまない節婦烈女が再び浮かびあがるのである。『第二期国定小学国語読本巻一〇』（五年生用）にある

「水兵の母」はその典型であろう。このての題材はその後、散見する。勿論、一方で〝君死にたまふことなかれ〟とうたった与謝野晶子の反戦詩があったことも同時に考えねばならないであろう。

女学校の体操に武道は課されなかった。ダンスと球技と徒競走が主流であった。しかるに昭和十一年、日中戦争の直前、弓と薙刀が体操の科目に加わった（文部省令七「高等女学校令施行規則中改正」）。これは選択で各学校の自由裁量であったが、時勢というものは恐ろしいもので、大陸での戦争が激化するにつれて女学生の薙刀稽古は燎原の火の如く拡がった。筆者も小学生の頃、鉢巻姿の女学生が校庭で掛け声勇ましく木製薙刀を振り廻している光景を覚えている。まさか薙刀で近代戦が戦えるとは誰も思っていなかっただろうが、戦う心意気だけは見せたかったのであろう。烈女の亡霊が現われた想いである。

豊岡藩と福山藩の女学校

明治三年に但馬の出石藩が女学校をはじめたが、隣の豊岡藩でも、備後の福山藩、出雲の松江藩、周防の岩国藩、日向の佐土原藩でも同じ頃、女学校を開設した。豊岡藩の女学校をみよう。

豊岡藩は明治三年六月、元の藩校・稽古堂に女学校を開設した。女学校開設に尽力したのは豊岡藩大参事・猪子清である。猪子の家は代々、藩主・京極家の家老で、戊辰の戦乱に際し、藩論が勤王佐幕定まらなかったものを猪子が勤王に導いて事なきを得た。それで新政府の信頼を得た猪子は京極知事を補佐する大参事になった。猪子は家老の時から藩校稽古堂の学長を兼ねていたので、新時代の学制改革に当り京極知事の意を受け、京極夫人を総理とし、旧藩重臣の妻女を教員とする女学校を開設したのである。教えることは女大学類の素読と習字、裁縫、女礼で、旧時代と変わらない。生徒は、明治三年六月二日の藩庁布令によれば、七、八歳以上の女子すべてを対象としていた。しかし家事の都合や他家へ奉公に上がるなど都合がつかなければ、登校しなくてもよいというもので、結局、この女学校は藩士の娘だけのものになった。開校一年で廃藩置県、この女学校はあえなく終った。元豊岡藩士で藩校稽古館の教授であった久保田精一は明治十五年に述べている。文部省の学制も定まらず、欧米の教育もわからないあの時期に女子の風俗が昔日と変わることを予見して全国寥々たる女学校の先駆を切った豊岡藩のそれは快挙である。故にこれの廃絶は惜しい。婦女子の不幸中の大不幸であると(『日本教育史資料』二巻五山陰道・豊岡藩)。将来の女子教育を予見して未開拓の女学校をはじめたが、廃藩で挫折した無念さを述べている。

福山藩の女学校は藩の大参事・岡田吉顕が、藩の学制改革の一環として構想したものである。戊辰戦争で岡田は福山藩兵を率いて箱館の榎本武揚軍と戦い、苦戦の後、これを降伏させた。明治二年、福山藩を代表する集議院議員となり、「藩地本論」を書いて大久保利通、井上馨、大隈重信ら新政府首脳に提出し、明治三年には藩大参事になったので、藩の意見として「標的論」を書き、参議・広沢真臣を通じて三条太政大臣の眼に入れた。〝標的〟とは藩政改革の要点という意味で、四民平等や世禄の廃止を説くが、その要は教育だとして学制論を展開する（『日本教育史資料』四所収）。

学制論は一応、大学・中学・小学の制を想定しているが、力を入れているのは、小学の普通学である。普通学とは誰しもが学ばねばならぬ知識で、従来の国学、漢学、洋学の枠をはずした修身、国体、地理、窮理、経済、歴史、数、書の八科目を言う。そして各科目ごとに読むべき書物、習うべき技術を示している。例えば、地理では『福山管内地誌略』『皇国地理略』『世界国尽』が必読書としてあがり、数では、和洋の乗除が習うべき算術として示されている。女学校はこの普通学を学ぶ小学校に並立する女児専用の学校で、学科目は男児とほぼ変わりないが、修身だけは特に「女大学」が課されている。

岡田吉顕の学制論の特色は、この普通学を福山藩領民・士農工商細民に至るまで差別なく七歳より学習させることにあった。女学校はその一環で、小学の普通学を学ばせる学校である。

廃藩置県によって岡田が構想した普通学の小学校・女学校の実施は挫折した。しかし、福山地方では岡田の構想と平行して啓蒙所運動が起っていた。これは福山藩校教師や領内庶民の啓蒙家が連携したもので、領内に広く士農工商貧富の別なく、男女七歳以上一〇歳まで教育する啓蒙所をたてようとするものである。領内の庄屋、宿老、村役人等が啓蒙所の維持費に責任を持つ体制をつくった。岡田の学制論、普通学の精神を受けつぎながらも、平易に実行し易いように直されている。

廃藩置県で福山藩は福山県になり、深津県になり、明治五年六月には小田県になった。この間、当地の啓蒙所は増加し続け、明治六年三月には一八八校に及んだ（有元正雄他『明治期地方啓蒙思想家の研究』）。小田県は啓蒙所を「学制」の小学校とみなして、これの普及を命じた。岡田の構想した女学校は啓蒙所にとけ込んで、男女児の通う小学校になった。現在、福山市にある市立深津小学校は深津県に開設された最初の啓蒙所から続いたものである。

松江藩と岩国藩の女学校

明治四年五月、出雲の松江藩が「女学則」を制定した。

松江藩は明治元年十月以来、藩政改革に力を注ぎ、藩行政、洋式軍隊化と並んで、藩内学校の組織化に努めた。即ち明治二年の「出雲藩治職制」では藩校修道館に含まれていた武芸諸機関を分離して軍隊化するとともに、修道館を学事局として教育改革の中枢とした。また新たに民政局をたてて、これまで進めてきた私塾・寺子屋・郷校の組織化をはかり、これらをすべて教導所とし、藩内一九〇余ヶ所にこれを張り巡らした。修道館は南学（国漢学）、北学（洋学）、西学（医学）の最高学府で武士の学校、藩内各地にできた教導所は庶民の学校である。この学校計画は修道館教授・桃文之助（節山）によってなされた。明治四年五月の「女学則」もこの学校構想の一環としてなされたのである（拙論『「藩治職制」にみる「学校」とその意義――松江藩の職制に則して』『日本の教育史学』三一号）。

「女学則」は明治四年五月、「教導所学則」と同時に出された。両学則とともに七歳から一三歳までを就学年齢としているが、「女学則」は「士卒ノ女子ヲ入学セシム」となっており「農工商賣ノ女子ハ教導所ニ於テ男女区別ヲ厳ニシテ之ヲ教フ」となっている。学科はともに素読、習書、算術であるが、素読についてみると教導所が、『孝経』『論語』等の儒書に加えて『世界国尽』『西洋事情』等開明的であるのに対し、「女学則」は『世界国尽』のほかは「女大学」『烈女伝』等、旧来の女子用教科書であり、午後一時から五時まで「縫織ノ事ヲ学ブベシ」としている。

「女学則」は松江藩時代に制定されたが、女学校が開始されたのは明治四年十月、松江藩が松江県になってからのことである。その論達でも「女ニ三従ノ道アリ」「婦徳ヲ治メ守ルヘキナリ」と伝統的な婦道が説かれた。女学校は松江城下の四ヶ所の寺院神社に開かれた。明治五年一月から二月にかけて、桃文之助は下僚を連れて出雲一〇郡を巡り、「女学則」「教導所学則」を配った（「桃節山年譜」『巡郷日記』）。明治五年九月、学制頒布直後松江県から命じられて、女学校は修道館ともども閉鎖になった（島根県「県治要領」明治四〜十八年。「学則」類は『日本教育史資料』二所収）。

周防の岩国藩は明治三年十二月、「学制ノ議」を出して、領内学校の組織化に乗り出した。その学校体系の全貌は「学校条例」一二一章に明らかである（『日本教育史資料』二所収）。

基本的な体系は次の三種である。

小学校（普通学七～一五歳）→中学校（専門学一六～二〇歳）

語学所（外国語普通学一二～一七歳）

この基本系とは別に医学校と女学校があった。〃もとより、男女の学は別つべきではない。万国は字句文章まで男女同一である。しかしわが国は長年の習慣と女性の柔順さで、俄に男子と同一の学校にするわけにゆかない。そこでしばらく女学校を設けるのだ〃とその理由を述べている（女学条例）。女学校は七歳から一二歳までで、普通学と専門学、その専門学は旧態依然たる裁縫と紡績であった。

岩国藩の「学校条例」は異例と言えるほど進歩的である。小学校と中学校はそれぞれ公立と私立からなり、私立小学校は領内の寺子屋をあて、私立中学校は領内の私塾をあてるなど、学制実施期のあり方を見越しているようである。士農工商の別なく人民全部を就学させるには公立（藩立）学校だけでなく私立（寺子屋・私塾）学校を組み込まなければならなかった。

この時期に、学校に公立私立があることを知ったのは『和蘭学制』（明治二年・開成学校刊）を見たからであろう。そこには小学校、中学校に公立、私立の別あることが明記してある。前掲「学制ノ議」にも「和蘭普魯士《オランダプロシャ》ノ如キハ」と彼の地の教育事情を紹介することが多く、岩国藩学校条例をつくった人物が西洋教育事情を調べたことは明かである。それゆえに女子教育の重要さを強調したのである。しかし一方で、日本の女性の社会的位置づけ、慣習も熟知していた。それゆえに極めて保守的退嬰的な女学校が提示されたのである。

岩国藩は毛利氏の一族、吉川《きっかわ》氏が宰領した小藩である。しかし長州藩の支藩ではなく、毛利家筆頭家臣の藩として大名に列していなかった。それが幕末の危機に際し、大いに斡旋して毛利長州藩を救った。その功で、慶応四年三月、諸侯に列せられ、岩国藩として政治教育の改革を推進した。しかし廃藩置県を控えて、その期間は短かかった。明治四年十一月、岩国県は山口県に合併された。山口県は政治・教育改革、とくにそれらを制度化することに熱心で、かつ有能な人物が輩出した県である。山口県の学校制度改革は他県をしり目に進んだ。山口県に合併された岩国藩の教育改革は忽ちその渦に巻き込まれ、山口県の学校組織、制度の中に溶け込まれた。しかし岩国藩がつくった女学校は明治十三年まで活動し存続したのである（『岩国市史』下）。

政府と新聞合流の東京女学校開設記事

明治五年正月の『日要新聞』三号に次の記事が出た。

十二月中、文部省ヨリ布令ニ云《イワ》ク。人々ソノ家業ヲ昌ンニシ、是ヲヨク保ツ所以ノモノハ男女ヲ論セス各ソノ職分ヲ知ニヨレリ。今男子ノ学校ハ設アレドモ女子ノ教ハ未ダ備ラズ。故ニ先般西洋ノ女教師ヲ雇ヒ共立ノ女学校相開キ華族ヨリ平民ニ至ルマデ受業料《ツケトドケ》ヲ出シ候ハヽ入校サシ許シ候間、志願ノモノハ向フ申正月十五日マデ当省へ願ヒ出べキ事（女学校入門之心得　後掲）。

右の「人々ソノ家業ヲ昌ンニシ」以下は明治四年十二月の文部省布達一〇号と同文である。これが画期的なことをまず述べよう。これまで述べてきたとおり〝女学校〟の言葉は江戸時代にはできていたし、明治初年にはいくつかの藩で女学校をつくっていた。私塾や寺子屋に通う女子もいた。しかし政府は女子が学校に通うことも、まして女学校をたてることなど宣言したことはなかった。新政府の最初の学校制度案である「大学規則」「中小学規則」（明治三年）は武士対象で、女子就学のことは一言も触れていない。

右、文部省布達一〇号がでた明治四年十二月はどういう時かとみると廃藩置県というクーデター的政変を断行した後、政府首脳が大挙して欧米を巡る岩倉大使一行が横浜を出航した時、日本初の女子留学生が大使一行に混って渡米した時である。教育史でみれば、明治元年以来の国学者と漢学者の激烈かつ執拗な争いに愛想をつかした政府が文教の中枢から過激な国学者を追い払い、文部省を創設して洋学者を集め、「学制」の立案に全力をあげていた時期である。こうした中で文部省による官立女学校創立が宣言されたのである。開拓使女学校はまだできていない。

この学校は明治五年二月（旧暦）、南校境内の旧亀岡藩邸に開校し、十一月下旬、竹平町に校舎を新築、移転して、東京女学校と名乗った。後年、女子高等師範学校長として名をなした中川謙二郎は語る。

洋学女学生
下の帽子をかぶった男は洋学書生
（『明治文化全集 10 教育編』裏表紙見返し）

明治五年、竹橋内の今の文部省の在る処に校舎を新築して初めて政府の女学校が設けられた。当時、私はあの辺を通る毎に、男の着ける縞の袴をはいた不思議な格好をした女子を見受けたが、それが其学校の生徒であった。東京女学校と称し、国書、英学、手芸等を授け、殊に英学にはよほど力を入れたと言うことである（「明治初年の女子教育」『教育五十年史』国民教育奨励会編纂・民友社）。

冒頭で、『日要新聞』が、東京女学校開設を報じたことを書いたが、東京の新聞にとって、明治五年正月は躍動の時であった。

日本の新聞が、役者の評判や心中事件ばかり取り上げるチョボクレや瓦版から離れて、海外事情を取り上げるようになったのは『遐邇《かに》貫珍《かんちん》』や『バタビヤ新聞』が出るようになった幕末からであった。明治初年には戊辰戦争や政治の動向を伝える『中外新聞』などがでたが、これらの新聞は佐幕派で、新政権を攻撃することが多かった。怒った政府は新聞紙印行条例をつくって新聞を弾圧した。よって、東京の新聞は明治二年から四年にかけて仮死状態になってしまった。

しかるに、明治四年の廃藩置県以後、東京はがらりと変わった。この大変革で政府から公家や大名の首脳が退陣し、薩長土肥の藩閥で実力ある武士が政府の参議・卿の位置に就き、政府の方針は尊王攘夷、王政復古から富国強兵、殖産興業、文明開化に大転換したのである。この大方針の転換に応じて逼塞していた新聞界は息を吹きかえし、記事、広告、論説を張るようになったのである。

新しく興った新聞は新商売、新風俗に注目し、また、東京のいたるところにできた洋学私塾のことを書きたてた。活発な女子学生も注目するところであった。政府要人は文明開化を応援する新聞に好感を以って迎えた。乖離していた政府と新聞は同じ道を歩みはじめた。『日要新聞』は明治四年十二月にはじまった新聞である。東京の洋学私塾を報道するところが多い（拙論『明治初期・私塾の新聞広告』）。その『日要新聞』が、政府がはじめてつくる洋学女学校を報道したことは、同じ文化的道程を歩みはじめた象徴のように思える。

官立東京女学校の斬新さ

中川謙次郎が〝縞の袴をはいた不思議な格好をした女学生〟と評した通り、東京女学校はすること為すこと世人にはわからないことだらけであった。その斬新さについて、前にあげた文部省布達文に続く「女学校入門之心得」を記し、そこからそれを指摘しよう。

女学校入門之心得　但当分英学之事
一、受業料毎月金弐両可相納事
一、書籍等ハ銘々持参可致事
一、稽古時間ハ毎日五字《ママ》間ノ事
一、生徒ハ女子八歳ヨリ十五歳迄ノ事
　但女学校ハ凡テ通稽古ノ事

「受業料」について、まず考えよう。『日要新聞』の記事は「受業料《ツケトドケ》」とルビがふってある。それほど新しい言葉であった。〝付け届け〟とは日頃、世話になっている家に盆暮に贈物をすることで、私塾や寺子屋では弟子や親が、わずかな金子《きんす》またはなにがしかの小品を贈ったものであった。毎月、金子で納める月謝と異質のものであるが、〝受業料〟が新語で、一般にわからないから、〝ツケトドケ〟とルビをふったのである。

〝授業料〟は福澤諭吉の造語である。慶應四（一八六八）年の頃、慶應義塾は生徒が増えた。そこで、福澤一人では教えきれなくなり、弟子の中で成績のよい者を教師にとりたてた。福澤は翻訳で稼いでいるからいいが、教師達には給料を払わねばならない。そこで授業料（福澤は授業料と言い、東京女学校は受業料と言う）という言葉を考え出し、毎月、生徒から二分（明治の金銭に直して五〇銭）ずつ取り立てることにした。『福翁自伝』に書いてある。〝教師も人間だ。人間が人間の仕事をして金をとってどこが悪い〟と福澤はタンカを切っている。これから給料で生活する教師と授業料を払って学ぶ生徒という明治型学校が始まるわけだが、幕末明治初年はそういうわけにはいかなかった。

寺子屋は少額であるが、束脩（入学料）、天神講（月謝）、五節句の謝儀などをとっていた。漢学塾も束脩や月俸（食費）を納めるしきたりがあったが、藩校には授業料がなかった。藩士を教育するのは藩主のつとめという考え方で学費はすべて藩費でまかなわれた。幕末になると各藩は優秀な藩士を江戸の昌平坂学問所や京・大阪・長崎などの有名な私塾に遊学させるが、その際も学費やその地での生活費はすべて藩が負担したのである。

明治になって東京の大学南校（西洋学）、大学東校（医学）に各藩から貢進生を送るようになった。貢進生は各藩選抜の秀才であったから、その学費も生活費もすべて藩負担であった。東京女学校は南校で開校した。つまりはじめのうちは南校貢進生と同居していたのである。貢進生は無料である。しかるに女学生は授業料を月二両払わねばならぬ。

明治四（一八七一）年五月の「新貨条例」は一両即ち一円としているから、二両は二円。当時、書生が一ヶ月、寄宿する賄料が二円五〇銭であるから二両の月謝は高いと言わねばならない。慶應義塾の授業料は二分（五〇銭）であった。

「入門之心得」はまた教科書について各自持参すべしと言っている。南校も女学校も洋学を教える。貢進生たちは学校備えつけの洋書で学ぶが、女学生は高価な洋書を買わねばならない。〝華族より平民に至るまで〟などと体裁のよいことを言っているが、裕福な家でなければ、娘を東京女学校へあげられない。さらに「女学校ハ凡テ通稽古《かよいけいこ》ノ事」とある。近世の慣習として、学問でも武芸、技術でも師の家に寄宿して学び習うのが原則であったが、時代が下って、弟子が多くなると師匠の家に収容し切れなくなった。そこで他所から通う通稽古が現われる。貢進生たちは、はじめ東京に残る藩邸から通ったが、廃藩置県後は校内に寄宿舎をつくるようになる。女学生は藩と無縁だし、貢進生と同居の寄宿舎には入れない。そこで通稽古となるのだが、こうなると女学生の出身範囲は限定される。けれども鳩山春子のように信州松本から入学した者を含めて百数十人の女学生を集めたのだから世間の深層部はわかりづらい。

授業料と「共立ノ学校」についてもふれておきたい。文部省布達に「共立ノ学校相開キ」の言葉がある。共立学校という名称は明治四年、廃藩以後、多出する学校名で、個人がつくる私塾でなく、共同出資の学校という意味である。東京女学校も開校当初は〝共立ノ女学校〟と言った。この学校は文部省がたてたもので共同出資ではない。しかるにあえて共立と言ったのは、授業料をとったからではないか。「学制」以前の官立学校は授業料をとらない。すべて官費である。東京女学校は官立学校でありながら民間資金である授業料を学校経費にあてたから共立と称したのであろう。

竹橋女学校の教育

明治五年十一月に竹橋御門の近くに引っ越してから東京女学校は一般に竹橋女学校と呼ばれた。
文部省は明治六年二月十日、女学校へ次のように達した。

其校ノ儀ハ今般改正ノ上、尋常小学ニ外国語学兼習為致、他日成器ノ者ヲシテ女学ノ教規ヲ踏ミ、女師ノ模範タラシメ或ハ外国語習熟ノ者ハ自ラ通弁ノ用ニモ相立候儀ニ付、通常ノ女児小学ト其趣不同、依テ更ニ本省直管理ノ学校ト相定候条、学課教則等追々研精ヲ加ヘ生徒ノ選法等注意可致候也。

明治六年二月十日という時点に立つ文部省は前年八月に出た「学制」の実施を全国各府県に督促中であり、「学制」を補訂する「学制二編」を作成中であった。文部省は「学制」施行に当り、九項の当面の計画をあげている。その中に「一般ノ女子、男子ト均シク教育ヲ被ラシムヘキ事」の一項があるが、「学制」には「女学校」がなく、小学校の一種として「女児小学」があるだけであった。前掲の文部省達はそれを踏まえて竹橋女学校を「学制」体制に位置づけたものである。即ちこの女学校は、①尋常小学に外国語学の学習をつけたものであり、②卒業生は女教師の模範になり、或は女性通訳者になる。①の尋常小学は森文政期から始まる尋常（初等）高等小学の意味でなく、正規の小学、即ち教育課程の正則変則の正則小学校をさすのである。それにしても小学校と「学制二編」に登場する外国語学校をくっつけた女学校、女教員養成と通訳者養成を兼ねる女学校、文明開化の門口に立ったとは言え、まことに珍妙な女学校である。

明治八年、教則を直した。まず、これまで八歳から一五歳までとした修学年齢を、入学一四歳以上で、小学卒業者、修業年限六年間一二級とし、中学校に対応させた。学科は読物、数学、習字、作文、書取、英学、手芸、唱歌、体操で、小学教科に英学を加えたようなものである。入学資格を小学卒業者としているが当時はまだ小学卒業者はいないから、実際は適宜入学させ、教則を一

若き日の鳩山春子
（『図説教育人物事典』）

応の基準にして、生徒の進展に合わせた授業にしたのであろう。

　後に共立女子職業学校（現共立女子大学）を創立し、衆議院議長、早大総長・鳩山和夫と結婚し、後の総理大臣・鳩山一郎、東大教授・鳩山秀夫を生み育てた鳩山春子は明治七年一三歳の時、この竹橋女学校に入学するのだが、その回想記（『我が自叙伝』）によって、その教育の一端を見よう。

　春子は信州松本藩士の子である。父多賀努は明治初年、松本藩大参事をつとめた。春子は幼少時、土地の漢学者の家に通って漢籍の素読をした。父はこの聡明な娘に期待を抱き上京した。同郷の文部官僚・辻新次とはかり竹橋女学校に入学させた。教科書、参考書は春子が望むものは何でも買ってやったが、当時破格の一一円もする『ヘボン和英辞書』まで買って与えた。前に、裕福でなければ、この女学校へはあげられないと書いたが、その通りである。英語の教師はアメリカ女性で、悧発で努力家の春子を可愛がり、一対一の個人授業で熱心に教えた。始めての英語学習であったが、春子の学力は日増しにあがり、進級試験に合格するので級《クラス》を飛び越し忽ち学校中の最上級に達した。一応カリキュラムらしきものはできていたが、実力本位の飛び級で、また同学年同級の一斉授業ではなかったらしい。国語も同様で、夏休みには父の知人らのすすめで『日本外史』や『資治通鑑』、スマイルの『自助論』などを読んだと言う。この規則に縛られず、進級も留級も万事教師の一存にまかせた自由な教育はよほど春子の気に入ったか、竹橋女学校のことを進歩主義と絶賛している。制度が進み、緻密に組織化された後年の高等女学校より、開化の入口に立つ竹橋女学校の荒削りな教育の方が春子のような天才少女には適していたのである。

明治十年二月、各大学区の官立英語学校と官立師範学校は経費削減のため、一斉に廃止された。竹橋女学校は官立英語学校の一つとされていたので、この時、廃止された。生徒は東京女子師範学校に新設された英学科に収容されたが、翌十一年に廃止となった。鳩山春子はこの英学科に移り、さらに官立女子師範学校に進学する。春子の猛勉強は変わらないが、女子師範の授業はつめ込み、暗記主義でつまらなかったと述懐している。十年、十一年を境に日本の中等教育、高等教育は新たな局面を迎えるのである。

参考文献

奥村喜三郎『女学校発起之趣意書』
吉田松陰『武教全書講録』

玖村敏雄『吉田松陰の思想と教育』
中泉哲俊『日本近世学校論の研究』
山崎純一『教育からみた中国女性史資料の研究』
『日本教育史資料』二
有元正雄他『明治期地方啓蒙思想家の研究』
『岩国市史』下
国民教育奨励会編『教育五十年史』
『鳩山春子　我が自叙伝』

二　横浜と東京で女子の英語学習はじまる

はじめに

幕末開港後、いち早く日本伝道を計画したのは米国長老教会である。同教会は安政六年、宣教師ジェームス・ヘボンを派遣した。ヘボンは横浜で医療に従事し、ヘボン夫人が英語の塾をはじめた。次いで明治二年に横浜に上陸した米国改革派教会のメリー・キダーがヘボン塾の女生徒を教えるようになった。女生徒はふえ続けた。たまたま女生徒の中に神奈川県権令・大江卓の夫人がいた。大江卓は傑物で、未だ禁教中であったにもかかわらず、外国人居留地外の県庁に間借りさせて女学校を開かせた。やがて米国改革派伝道協会のアイザック・フェリスの絶大な援助のもと、フェリス女学校になる。

東京では明治三年頃、長老教会のカロザース夫人が、宿舎の築地Ａ六番館に女学校を開き、明治六年頃、Ａ六番に隣接するＢ六番に長老教会のミス・ヤングマンによるＢ六番女学校が開かれる。さらに築地の長老教会で受洗した原胤昭によって明治九年、銀座に原女学校がはなばなしく開校した。これらの女学校はみな今日の女子学院につながるのだが、禁教から解禁に激変する東京築

ジェームス・ヘボン

地銀座界隈さらに神田や浅草の下町に起った異常ともみえる女子の英語熱をみよう。

ヘボン家塾からフェリス女学院と明治学院が生まれる

女子が英語を勉強したのは官立東京女学校＝竹橋女学校ばかりではなかった。明治期の著名な新聞記者で幕末明治の実話聞き取りを書き続けた篠田鉱造は、明治三年に横浜にできたフェリス女学校と東京築地にできたＡ六番女学校を「これが女学校鍬卸《おろ》し（はじめ）」と書いている（『明治百話』）。廃藩前のいくつかの藩が女学校をつくった同じ頃、横浜と東京築地の外国人居留地でアメリカの宣教師夫人による女学校が始まった。まず横浜のキダー Mary E. Kidder の女学校から述べよう。

キダー女学校を述べるには、どうしてもその前身であるヘボン James C. Hepburn 塾と米国の長老派教会、オランダ改革派教会の宣教師派遣から筆を起さねばならない。

米国のキリスト教プロテスタントの各派は一八四〇年前後から日本への伝道に関心を持ちはじ

めていたが、最も早く、それを実行したのは米国長老教会Presbyterian Church in the U.S.Aである。一八五九（安政六）年、長老教会は日本伝道を宣教医師ジェームス・ヘボンに委託した。ヘボン夫妻は同年十月、来日、神奈川宿でまず医療活動をはじめた。ヘボンの医療は忽ちのうちに近隣庶民の尊敬を受けたので、彼はそれまで仮寓していた成仏寺を離れ、横浜海岸三九番地に家屋を新築、ここを本拠に医療と宣教活動をはじめることにした。一八六三（文久三）年のことである。

横浜海岸39番地のヘボン家塾

彼はここで歌舞伎の名女形・沢村田之助の脱疽《だっそ》の外科手術を成功させて名声を博するとともに、『新約聖書』、『旧約聖書』の日本語訳を完成させたり、『和英語林集成』を出版（ここにヘボン式ローマ字が考案されている）したりして日米文化交流に貢献した。

同じ文久三年、このヘボン治療所兼宣教師館で、ヘボン夫人クララが英語塾をはじめた。このヘボン塾は男女混合で幕末維新の激動の中を明治三年頃まで続く。少年生徒の中には後年、外務大臣になった林董《ただす》、三井物産創業に力を尽した益田孝、明治大正昭和期に政界財界で活躍し、二・二六事件で暗殺された高橋是清などの逸材がいた。

明治三年七月、メリー・キダーが新潟から横浜に米国オランダ改革派 Dutch Reformed Church in America のブラウン Brown S. R. とともにやってきた。キダーは教師の経験があるので、ヘボン塾の女生徒達を教えることにした。ヘボン夫人はすでに老齢で、若いキダーが、女生徒達を生き生きと教えるのをみて、女生徒だけの学校をつくろうと思いつく。かくしてヘボン塾のうち、女生徒だけを引きついで、メリー・キダーの女塾が成立した。これがフェリス女学校の濫觴《らんしょう》である。

女生徒がいなくなったヘボン塾はオランダ改革派のジョン・バラー J. Ballagh が教えることになった。塾は盛んになって、人々はいつしかバラ学校と呼ぶようになった。明治十年に東京大学ができたが、在日米国宣教師の間で、東京大学は物質文明、科学万能であるから信仰に根ざしたキリスト教の大学をたてたいという意見が騰《あ》がった。かくして明治十三年、横浜のバラ学校を東京の築地に移して築地大学校 Tsukiji College が設立された。

明治十四年、同じ改革派のワイコフ M.N.Wyckoff が横浜に先志学校という英語学校をつくったが、これも東京築地に移ってきたので十六年、築地大学校に吸収し、東京一致英和学校と改称した。一方、前出のブラウンは横浜で英語塾を開いていた。また東京の築地では長老派のカロザース C. Carrothers が英語学校を開いていた。彼らは英語の授業をしながらキリスト教の信仰団体をつくっていった。ブラウンのグループを横浜バンドと言い、カロザースのそれを築地バンドという。横浜バンドからは後年、教育者として名をなした井深梶之助（明治学院総理）、押川方義（東北学院長）、本多庸一（弘前学院長、青山学院長）、山本秀煌、植村正久らを輩出した。この二つは明治十年に合併して東京一致神学校になった。

東京一致英和学校は英語の学校、東京一致神学校はキリスト教の神学校であるが、同じ場所で同じ教師と同じ生徒が勉強するのであるから一心同体である。二つの学校は一緒になって東京荏原区白金村（現港区白金台）に校舎を新築し、明治二十年、明治学院（現明治学院大学）になった。初代総理（学長）にはジェームス・ヘボンが就任した。

メリー・キダーと大江卓の巡り合いが〝女学校〟をつくる

明治二年八月、改革派の宣教師ブラウン夫妻とともに横浜に上陸したメリー・キダーは、ブラウンの任地である新潟に向かった。六人の武士に護衛された物々しい旅であった。尊王攘夷の空気がたれ込めた物騒な時代であったからである。新潟の英学校でブラウンは教鞭をとり、キダーも女子生徒を教えたり、ブラウン宅でバイブルクラスをつくったりした。翌三年、ブラウンが神奈川県学校（修文館）の校長になって横浜に帰るので、キダーはまたもブラウンに同行して横浜に帰った。そしてヘボン塾の女子生徒を預かって彼女の私塾をはじめたのである。

M. E. キダー

キダーは日本で女子教育をしようと強い信念をもって来日した。改革派の本部も彼女の熱意を信頼して女性宣教師に任命したのである。生徒がふえるにつれて、診療所であり、ヘボンの研究室でもあったヘボン塾に仮寓していられなくなった。たまたま神奈川県権令・大江卓の夫人がキダー塾に通っていたのでキダーはそのことを大江卓に相談した。大江はキダーの願いに応えて、野毛山にあった県の庁舎の一部をキダーに貸し与え、授業に必要な教具教材を揃え、外国人居留の山手から野毛山に通う人力車を車夫つきで提供した。まだキリスト教禁教中の明治五年九月のことである。かくして〝キダーさんの学校〟と呼ばれる女学校がはじまるのだが、この神奈川県権令・大江卓の援助が、いかに破天荒なことであったか、キリスト教禁令、解禁の嵐を述べよう。

維新政府のキリスト教に対する方針は旧幕府と変らず、むしろそれを強化しようとするものであった。新政権樹立早々の慶応四（一八六八）年三月、政府は「切支丹《キリシタン》邪宗門ノ儀ハ堅ク御制禁」という高札を掲げることを命じている。九州では隠れ切支丹が姿を現わしたが、新政府はこれを弾圧した。〝浦上くづれ〟と言われるものである。この高札や弾圧に対し、外国の公使たちの抗議が相次いだ。しかし政府は高札の文言から「邪宗」の文字を取り去ったり弾圧に対しては言を左右にして、その態度を変えなかった。しかし時勢はこれを許さなかった。岩倉大使一行が欧米各地を巡行した時、大使らは各地でキリスト教徒迫害に対する猛烈な抗議を受け、ために交渉や談判は進まなくなってしまった。窮した岩倉はこれを打開するために信仰の自由を許せと打電した。かくして政府の宗教対策はキリスト教解禁に一決した。明治六（一八七三）年二月二十四日、解禁の太政官布告が出た。その文面は「従来高札面ノ儀ハ一般熟知ノ事ニ付、向後取除キ可申事」という奥歯に物がはさまったような、わけのわからないものであった。これはこういう意味である。

晩年の大江卓

これまでキリスト教禁止のことは高札を掲げてきたので一般に知れ渡った筈であるから今後、この種の高札は立てないことにする。簡単に言えば、キリスト教禁止の高札は取り除けということである。政府高官の案か、下っ端役人の考えた事か知らないが、どのようにも言い逃がれができる文言である。幕末維新の動乱の中での苦労から生み出された悪知恵であろうが、この官僚的文言が、その後の日本の政治、外交に顔を出して混乱を招くのである。

それはさて置き、キダーの女学校建設はキリスト教解禁前であるにもかかわらず、どんどん進んだ。しかしそれは開港地横浜という特殊な土地柄と大江卓という開明的な神奈川県権令との出会いを抜いては考えられない。

日米修好通商条約によって横浜港が開かれたのは安政六（一八五九）年である。幕府は巨費を投じて波止場、運上所、神奈川奉行所を建設し、波止場の近くに異人屋敷地（外国人居留地）をつくった。貿易がはじまるとそれをあて込んだ日本人商人が近郊から集まり、海岸通、北仲通、本町通、南仲通に売込商、引取商と呼ばれる貿易商が軒を並べた。寒村横浜は忽ちのうちに貿易都市に変貌した。新政府がこの地を見逃す筈がない、神奈川奉行所を引き継いで明治元年六月、神奈川府とし、九月には神奈川県となって次々に近郊の地域を管轄していった。このように関東各地から集まった商人と外国人が居住する貿易都市に県庁を置く神奈川県令は国際的視野を持つ新感覚の人物でなければならない。明治五年五月に着任した大江卓はまさにそのような人であった。元土佐藩士、英式練兵を学び国事に奔走、明治元年、兵庫県判事試補、工部省七等出仕をへて神奈川県権令になった。弱冠二六歳であった。ゆえに県令でなく一階級下の権《ごん》令になったのであろう。しかし当県は権令の上に県令はいない。自分の妻をキダー塾に通わせて英語を習わせたのも、キリスト教禁教時代でありながらキダー塾を関内《かんない》（外国人居留地）の外にある野毛山の県庁に間借りさせたのも彼の開明性にある。そしてそれを平然と許す気風が他地域から集まった貿易商の間に醸し出されていたのである。

フェリス・セミナリー開校

明治六年はじめにキリスト教禁令の高札が取り去られた。明確な解禁令、信仰自由令ではないが、キリスト教徒はこれを解禁令と受け止め、布教やミッションスクールの建設に乗り出した。キダーは校舎と寄宿舎建設のための土地を探していたが、アメリカ領事から海兵隊の病院のために用意した土地を無償で借りることができた。キダーは校舎建築の費用を改革派伝道局本部に依頼した。このミッションはそれ程、大きくもなく学校経営には手がまわりかねたが、キダーは日本に女子教育が緊要であることを信徒や日曜学校の生徒に熱心に呼びかけて献金を募った。かくして五、五〇〇ドルという大金が送られてきた。信徒が生活費をきりつめて献納した浄財の集積である。

その頃、キダーは米国長老派教会の宣教師ローゼイ・ミラーと結婚することになった。ミラーと結婚すれば、キダーはメリー・ミラーとなって慣例として長老教会信徒となる。それでは改革派信徒からの浄財五、五〇〇ドルで念願の女学校が建てられない。ここで一たん窮したが、これはローゼイ・ミラーが改革派に転向することによって解決した。キダーはメリー・ミラーになった。

メリー・ミラーの女学校は横浜山手一七八番地の現フェリス女学院の校地にたてられた。校舎

横浜山手178番地にたてられたフェリス・セミナリー

は洋式であった。寄宿舎の外観は洋風であったが部屋は畳敷きで、寝具、衣服、食物等すべて日本式であった。すべてメリー・ミラーの考えで、西洋文明を理解させつつも生徒が日本社会から浮き上らないようにする配慮からである。新校舎は明治八年五月に落成、六月一日に開校式を行った。開校に当って、メリー・ミラーは校名を「フェリス・セミナリー」とした。

これについて、フェリス女学院大学教授・鈴木美南子氏の所論があるので紹介しよう。これまで述べたとおり、この女学校の創立には在アメリカオランダ改革派信者の涙ぐましい支援があった。この支援を実際にリードしたのは改革派外国伝道局の主事・ジョン・M・フェリスであった。そこでこの人に敬意を表したかったのであるが、メリー・ミラーは、さらにジョン・フェリスの父親であるアイザック・フェリスも併せて記念したいと思った。

アイザック・フェリスは改革派外国伝道協会の初代主事で、幕末、早くもブラウン、フルベッキ、シモンズの三宣教師を日本に送り、またインド、中国の宣教にも尽した。のちにニューヨーク大学の総長になった人である。いわば日本のキリスト教学校設置の先達であった。メリー・ミラーがジョン・フェリスだけでなくアイザック・フェリスも含めてフェリス・セミナリーと命名したのは一箇の女学校だけでなく、日本のキリスト教学校設置を記念する意味を持たせたのである。

次に〝セミナリー〟である。〝セミナリー〟はしばしば〝神学校〟の意味でとらえられることがあるが、これは誤りであると鈴木教授は説く。この時期、アメリカでは女子中等学校として多くのセミナリー、あるいはフィメイル・セミナリーがたてられた。勿論キリスト教の上に立っているが、必ずしも宣教師養成ではなく、公立の中等教育が普及する前段階の私立学校として、①敬虔で教養の高い家庭婦人、②女教員③女性宣教師の養成をめざした女学校であった。フェリス・セミナリーは、まさにこれに倣って設立されたのである。なおセミナリーに対置するものがアカデミーと称する男子中等学校であった。セミナリーとアカデミーに厳密な男女の区別がないが、当時の流行として、アメリカでは男子系中等学校をアカデミーと呼び、女子系のそれをセミナリーと呼んだと言うことである。

アイザック・フェリス

（『フェリス女学院一五〇年史資料集第二集・近代女子教育新学制までの軌跡』）。

開校後、カリキュラムが整えられた。英学では外国語教科書による哲学、生理学、歴史、植物、数学、地理、文学等で、音楽、裁縫、体操も加わった。和漢学では習字をはじめ、『日本外史』、『皇朝史略』、『貞女鏡』などが読まれた。午前中は外国人教師による授業、午後は日本人教師による素読と習字であった。

明治十四年、メリー・ミラーはフェリス・セミナリーを辞任して夫妻ともども伝道のため日本各地に出かける。学校は同じ教会のユージン・ブース Eugene S. Booth にゆだねられた。ブースは教則をかえながら日本の情勢に合った女学校に仕立て直し、明治二十五年、フェリス女学院と改称した。現フェリス女学院大学の基礎はここに築かれたのである。

一〇年間にわたって私立女学校をつくることに心魂を傾け、それができたと見るや、それを後人に任せて伝道にでかける。日本人に見られぬ行為であるが、その後、日本にきた宣教師教育者はみなそうであった。日本人の教育のために力を尽し、対価を求めない。キリスト教の精神というべきものであろう。日本人は宗教団体が教師を派遣し、設立資金を提供して私立学校をつくるという方式をはじめて目撃した。明治の日本に学校設置の新しい方式が入ってきたと言えよう。

A　六番女学校とカロザース夫人

明治二年、アメリカ長老教会の宣教師カロザース Carrothers 夫妻が来日し三年六月、東京築地の外国人居留地六番区を同僚のタムソン D.Tompsom と借りた。六番区を二分し、海側をＡ六番と名づけてクリストファー・カロザースのものとし、奥をＢ六番としてタムソンが借り受け建物をたてた。カロザースの家をＡ六番館と言い、タムソンのものをＢ六番館という。

築地Ａ六番館

外国人居留地は日米修好通商条約にもとづく五港の開港と大阪、江戸の開市によって設けられたものであるが、幕末の動乱と維新政変のため遅れて、明治元年十一月に、やっとでき上った。このあたり幕末には大名の中屋敷が居並んでいた。現聖路加国際病院があるあたりは中津藩奥平家の屋敷があって福澤諭吉の慶應義塾が呱々の声を上げたところである。維新の変革で、大名が屋敷から退去したので、横浜居留地のように整地する世話もなく、区画するだけで外国人に貸し与えた。はずれではあるが東京市街の中である。しかし貿易港横浜は遠い。貿易商人は集まらなかった。新政府は御雇教師として外国人を雇用するが、彼らは宿舎をあてがわれるから築地居留地にはあまりこない。結局、布教のための宣教師がここに集まった。カロザース入居の後であるが、キリスト教各派の宣教師が次々ここに来て、彼らの学校をつくった。後の立教大学の発祥・立教学院、青山学院大学になる耕教学舎、同じく海岸女学校、明治学院大学になる明治学院はみな、この築地居留地ではじまったのである。

明治三年夏、居留地のＡ六番館に入ったＣ・カロザースは、そこでバイブルを講じた。彼はシカゴ大学出身の熱烈な宣教師で、Ａ六番館は祈祷所＝教会ともなり、バイブルを読む英語塾のようでもあった。いまだ禁教中であったが、そんなことは眼中になかった。明治六年春、彼は近くの入舟町にキリスト教の築地大学を創立した。これは前に述べた明治十三年創立のバラ学校に続く築地大学校（五二頁参照）とは別のものである。

禁教中ではあったが、そこは文明開化の発信地・東京である。キリスト教に名をよせた西洋文化であれ、欲しいものは欲しい。維新の激変で封建体制の馬鹿らしさを感じ取った若者は競って、ここに集まった。キリスト教者の田村直臣、免囚保護で名をなした原胤昭その他の名士が、ここから輩出した。当時、東京の私塾は男女の区別がはっきりしなかった。男子ばかりの私塾に女子がいたり、女学校と銘打つ私塾が男子生徒を募集することもあった。しかし一般に女学生は少なく、めずらしい存在であったから、私塾に通う女子は服装を地味にし、黒っぽい着物を着たものである。エビ茶式部と言われた明るい美しい着物を着るのは後年のことである。ある日、ここに男装して通った少女が、女性であることを隠しきれず、黒板に I am a girl と大書した。これが一つの契機にもなって、カロザース夫人が女子だけのクラスを作ることになった。通常、A六番女学校というのは、このカロザース夫人の私塾である。

A六番女学校には四〇名ほどの生徒がいたといわれるが、カロザース夫人のここでの教育活動についての記録は殆んどない。フェリス女学校のように教会本部からの資金援助のない個人経営の私塾で、教則もなく、夫人の好意と熱意だけで個人教授を続けたのであろう。カロザース夫人は近くの万年橋際にできた上田女学校、通称万年橋女学校に教員として雇われた。

上田女学校は明治五年に外務省出仕の上田畯がたてたものである。開拓使女子留学生で、健康上の問題で早く帰国した上田梯子の父である。上田女学校は評判のよい女学校であったが、それはカロザース夫人の功績によるものである。五年十月の「各種新聞要録」は次のように伝えている。

ミセス・カロザース

築地万年橋の女学校建築落成し、去年中旬開校に及び追日入学せる者有之由、余此頃往て一見せるに学堂清潔規則も亦頗る厳整なり。教師は米国カルロザル氏の細君にして其学問教授極めて親切丁寧なるハ論なく亦其余女業の世話も能く行届けり。世間私学私塾多けれ共、皆男子の為に設くる者なれば、偶女子の学に志す者有るも止む得ず日を過せる事少なからず、今此学校は私設女学校の冠首共云ふ可き真《まさ》しく盛世の美事なり。

前に書いた青山千世も、この上田女学校に入学したが「入学第一日、おそろしく日本語のうまいカロザース夫人というアメリカの先生から地球儀を見せられて日本の位置や地球の自転の話をきいたときは、はじめて目のあいためくらのように、一生忘れえぬ感激にうたれました」と述べている（『おんな二代の記』）。

明治九年、C・カロザースは文部省御雇教師になって官立広島英語学校に行くことになった。ために築地大学校もカロザース夫人のA六番女学校も閉ざされた。A六番女学校の生徒は後に述べる原女学校に移された。

B六番女学校から新栄女学校へ

明治六年十一月、米国長老教会ニューヨーク婦人伝道局より派遣されたミス・パーク Parke とミス・ヤングマン Youngman が横浜に上陸した。二人はヘボンに東京で女学校を開きたいと相談した。

資金も米国で調達してきているし、女子教育への抱負も持っている。まもなく二人は築地のＢ六番区に三階建の校舎を新築した。明治七年九月の『新聞雑誌』に次の記事がある。

府下築地Ｂノ六番地ニ三階造リノ女学校ヲ建築シタルハ合衆国有志ノ徒、日本人ヲシテ疾ク開化ノ道ヲ知ラシメントテ拠金シテ設ケタル由ニテ数月前造営落成シテ開校セリ。其女教師ハヤングメン、タムソンノ両女師ナリ年齢少ク頗ル総明ノ女子ニシテ唯厚ク人ニ教化ヲ施スヲ以テ已ノ任トス。英学、読方、習字、綴字、算術、地理書、文典、歴史、西洋歌、其他和漢ノ書モ教授シ傍ラ裁縫ノ術ニ至ルマテ之ヲ教ヘ其門ニ入ル女子、数日ニシテ皆能ク教師ニ信徒シ、其行ト志操ヲ一変スルニ到レリト云、如此人コソ実ニ教師ノ任ヲ得タルト云ベシ

ここに言うタムソンはパークのことである。パークは築地にきて間もなくＢ六番館の主《あるじ》タムソンと結婚したからである。この学校はＢ六番女学校と呼ばれた。同じ米国長老教会の女学校であるのに築地Ａ六番区とＢ六番区に二つが隣合せに並んだのである。そしてＢ六番女学校のほうが、はるかに上等にできていた。「同番地にありしＡ六番女学校と此の学校（Ｂ六番女学校）は一つになるべき性質のものであったが、ある事情のもとに三年間同番地同教派に属する女学校が二つあったわけである」と『女子学院五十年史』は述べている。

ある事情と言うのはC・カロザースとヤングマン・タムソン両派の争いであった。

ヘボンははじめ、カロザースが来日した当時、この人物に相当の期待をかけていたが、次第にカロザースの独善と頑固さに頭を痛めるようになった。明治八年四月、彼は選ばれて東京における長老派教会の会頭になったが「耶蘇」の呼称について〝イエス〟ではなく〝ヤソ〟とせよと執拗に主張した。「耶蘇」はキリスト教禁教時代、日本人が話す侮蔑の言葉で嫌悪感がある。西洋人は本来の発音からしても〝イエス〟としたかった。しかるにカロザースは日本人が長くそう呼んでいるとして、〝ヤソ〟にこだわり固執し続け、容れられないと知るや会頭を辞めてしまった。一呼称についてすらこの頑固さで、信仰上、生活上のあらゆることに協調することができなかった。A六番女学校はカロザース夫人のものであるが、C・カロザースの頑固さ、協調性のなさが、B六番とA六番両校の合併を許さなかったのであろう。東京の教会はニューヨークの伝道本部にカロザースの罷免を要求した。翌年、カロザースは築地における彼のすべての活動をなげうって広島の英語学校に夫人を伴って赴任した。以上は高谷道男

ミス・ヤングマン

翻訳『ヘボン書簡集』、会田倉吉著『カロザスの事績』によって筆者が考えたストーリーである。主《あるじ》のいなくなったＡ六番女学校の生徒はカロザースの弟子である原胤昭が銀座に女学校をたてて引きとるが、原女学校については、次項で述べる。

一緒にはじめたＢ六番女学校であったが、ミス・パークがＢ六番館の主《あるじ》と結婚してミセス・タムソンになったので、ヤングマンは女学校長になったものの、Ｂ六番館には居づらくなったのだろう。彼女は宣教師としてもっと活躍したい意欲をもっていた。たまたま資金を提供してくれる人があったので、明治九年、築地新栄町《しんさかえ》に校舎を新築して、新しい女学校を開校した。校名は資金を提供してくれたニューヨークのミス・グラハムの名をとって〝グラハムセミナリー〟とした。しかし世間では新栄町にできた学校なので新栄女学校と通称した。Ｂ六番女学校の生徒の大半はここに移された。明治九年に入学した相田かめは次の手記を遺している。

明治九年十一月、晩秋の薄日が新栄女学校の洋館の窓を和やかに照している。若き西洋婦人が少女等を前にしてゆっくり英語を話している。教壇の上には直径一尺位の地球儀が置いてある。生徒はいずれも一五、六歳、銀杏返し、桃割、唐人髷、長袖の着物に山倉の袴を穿いている者もあって熱心に謹聴している。（中略）教師は全部英米人であった。聖書、植物学、天文学、万国史、万国地理、ウヰルソンリーダー、ナショナルリーダー、凡て英語を用いた。

教授法は実に進歩的で、例へば植物学では生徒各自に木箱を与え、土を盛り草花の種を播き、発芽、成育、開花の順序を観察する。天文学では望遠鏡を備へ、天体を観察することを教えた。（中略）大方の子女は結婚その他の事情の為、次第に去ったが、自分は満六年、朝に夕に勉強し、明治一三年新栄女学校第一回卒業生として唯一人、英文科を修了し、猶二年間同科に教鞭をとりつゝ日本学科をも納め、明治一五年遂に全科を卒業した。同級生は一人もなく生徒一人に教師数名というまことに贅沢《ぜいたく》な個人教授のような有様であった。

（小坂花子「母の手記より」『女子学院八十年史』）

ミス・ヤングマンは旺盛な伝道者で、新栄女学校の教育、経営の傍ら伝道者養成や貧困家庭の児童救済活動を押し進めた。その活動がいそがしくなって新栄女学校の教育が手薄になった。よってこの女学校の教育は同僚のミセス・ミラーに預けられる。やがてこれが女子学院になるのだが、築地にはじまった女学校のうちＢ六番女学校の系譜は一たんここで打ち止めよう。

原胤昭《たねあき》と原女学校

Ｂ六番女学校は新栄女学校へ受け継がれたが、カロザース夫人のＡ六番女学校はどうなったのか。Ａ六番女学校の生徒は原女学校に移されたとして終わったので、原女学校の設立を書かねばならない。

原女学校は原胤昭が設立したもので、日本人が最初につくったキリスト教の女学校である。学校設立の経緯は後に述べることにして、まず原胤昭の数奇な運命と免囚保護の活動を述べておこう。

原家は代々町奉行与力であったので胤昭は一四歳で与力になった。与力というのは南北両町奉行にそれぞれ二五人つく武士で、与力の下に同心（足軽級）が一三〇人ずつ、さらにその下に目明《めあか》し、岡っ引きが相当数ついて江戸の治安を守るのである。禄高は二〇〇石だが、羽振りがよい。大名屋敷の法律顧問のような仕事もするし、芝居小屋、遊女屋、祭礼等、人の集まる所で睨みをきかすから、つけ届けが多く豪勢な暮らしをしていた。しかし楽なことばかりではない。牢屋で死人が出れば検死役として紫黒色にはれ上がった死体を検《あらた》めなければならないし、罪人の死刑の時には小塚っ原に出かけて非人が罪人の脇腹に突きさす槍に流れる血を見届けねばならない。一四、五歳の与力・原胤昭にとって、これは残酷な経験であった。

幕府崩壊後、一時、東京府の職員になったが辞職して、カロザースのたてた築地大学校に入り、聖書を聴いた。やがて入信。その時の状況を原は次のように語る。入信の意志を告げた時、宣教師が、政府が君を縛っても死刑にしても信仰を貫くか、と尋ねた。原はキリスト教の信仰は日本のため、社会のためであるから決死の覚悟だと答えた（原胤昭「私と基督教」『新時代』大正十四年十月号）。

晩年の原胤昭

丁度、キリスト教禁教の高札がはずされた明治六年末の頃である。禁教の高札がはずされても、世間のキリスト教への眼は疑惑に満ちていたし、警官は信者の跡をつけていたと言う。原の若き日、与力として見た世間の裏表。市民取締、犯罪者に対する人権無視。そして維新混乱期における幕府の無秩序を目の当たりにみた原が考えた末が、キリスト教入信だったのである。

与力の家で蓄《たくわ》えがあったのか、彼は銀座に出版社を構え、和漢文の聖書を売りまくった。また神田須田町に錦絵店を開いてキワ物出版もした。明治十六年、前年に起った福島事件の首謀者・河野広中以下六名が獄につながれると原はこれを「天福六家族」と題した錦絵にして売り出した。「天福」は「転覆」をもじったもので自由民権の立場にたって、政府を批判したものである。原は捕えられ、出版条例違反で禁錮三ヶ月となり、石川島監獄にほうり込まれた。

監獄で見たものは、自分が与力時代に見た旧幕時代の囚人と変わらない人権蹂躙の最たるものであった。出獄後、彼はキリスト信者として監獄改良と出獄後の更生保護事業に生涯をかけた（小丸俊雄「免囚保護の原胤昭」『千代田区の物語』)。

原が女学校をたてたのは彼が監獄に入れられる七年前の明治九年五月のことである。原が五、〇〇〇円の大金を投じ、銀座三丁目に煉瓦造二階建の校舎をつくった。設立趣意書には欧米では子女の教育は教養ある母親に責任があるから人材が育つ。ゆえに日本でも教養ある婦人を教育する女学校をつくらねばならぬという趣旨がしたためられている。学科は英語、算術、和漢文、裁縫で、英語の教師はニューヨークの米国長老教会婦人伝道局に頼んでミセス・ツルーM. T. Trueを派遣して貰った。和漢文を教える日本人教師の給料は生徒が支払う謝金(授業料)でまかなうと趣意書に書いてある。授業料は月一円であった。

九年十二月二十五日のクリスマスに開校式をあげた。午後五時の開会で校舎の外側一面に提灯《ちょうちん》をつけ、内部も灯《あかり》一ぱいで、飾り物が輝き、これを見ようと見物人が押しかけた。会場は横浜や築地からきた西洋人や学校、教会関係の日本人で充満し、その中で女生徒の文章暗唱や音楽演奏が行われ、聴く人々は手を打ち足を踏んで感心したと言う。

原胤昭が原女学校をたてた最初の動機は、カロザース夫人が広島に行ってしまうので、夫人の家塾・A六番女学校の生徒が取り残されて可愛そうだという単純誠実なものであった。ゆえにA六番女学校の生徒を引き継いだが、新しい女学校を設置するに当って、原は新しい女性、これまでの日本女性にない知徳の備わった女性像を画くようになった。それは前にあげた設立趣意書にくわしく書かれている。それについては割愛するが、原女学校は、これまでの米国のキリスト教ミッションによる学校ではなくクリスチャン原胤昭個人によるキリスト教主義の学校として誕生したのである。

原女学校は校主・原胤昭のキリスト教社会事業の根拠地として各種会合に使われた。生徒によるオルガン演奏や讃美歌合唱も東京のキリスト教界の華として喝采されたが、原胤昭の他の社会的事業が多くなって学校経営が行きづまり、明治十一年七月、休業後、そのまま閉校になった。生徒はＢ六番女学校の後身・新栄女学校に移された。

芳英社女学校と水交女塾

アメリカのキリスト教長老教会とオランダ改革派教会から派遣された宣教師によってつくられたフェリス女学校とＡ六番、Ｂ六番女学校発祥のいきさつを書いてきた。キリスト教ミッションの女学校としては、この外に日本組合基督教会の神戸英和女学校（神戸女学院）、同志社女学校、日本聖公会の照暗女学校、平安女学校、立教女学院、メソジスト教会の青山女学院、遺愛女学校、弘前女学校、活水女学校、カナダメソジスト教会の東洋英和女学校等まだまだたくさんある。これらは稿を改めて書きたい。

本稿は近代的女学校の〝鍬卸し〟（はじめ）として明治五、六年までにできた横浜東京の女学校について書いたので、その続きとして、その頃、東京にできた英語の私立女学校について述べよう。明治五年五月、東京の神田佐柄木町に芳英社という私立女学校ができた。四年十二月二十日付で東京府に開学願書が提出されている。

方今、洋学御張宏之折柄、児女洋学舎取開度志願ニ付、両三年来、婦人教官之者専ラ長養罷在、未タ成業ニハ立至リ兼候得共、初学之者訓辱可致、学業ニハ相進居候間、此度神田佐柄木町私拝借地ニ於テ婦人英学設立仕度、此段御聞届被成下度奉懇願候　斎藤三助

（東京都公文書館蔵）

斎藤三助なる人物の経歴はわからない。ここ二、三年、女性の英語教師を養成してきた。まだ十分とは言えないが初学者には教えられるから、どうか児女の英語学校開校をお許しねがいたい。こういう文面である。東京府は即座にこれを許可した。

ここ二、三年養成したという英語教師は斎藤三助の妻・常《つね》であった。明治五年五月の『新聞雑誌』に次の記事がある。

府下神田佐柄木町ニ於テ昨冬建設セル女学校芳英社ニテ五月一二日ヨリ南校御雇教師ウヰ

ルソン妻ハイレス併ニ当府貫属斎藤三助妻常女ノ両人、日々出張シ英学ヲ教授シ四方ノ佳人才女追々雲集セル由

学科は英語と数学で、正則と変則の二つのコースがあった。正則は英語でウィルソン夫人が教え、変則は日本語まじりで斉藤常が教えたのであろう。後に桜井女学校をたてた桜井ちか子（当時一八歳で、桜井家に嫁したばかりの新嫁）が、この芳英社に入学し次の談話を遺している。要約すると、「ウィルソンリーダーとパーレー万国史を習いましたが、わからない所があると築地の宣教師の所へ行ってききなさいと言われました。そこで築地のカロザース夫妻の教会へ行き、それが縁故で新栄教会へ出入するようになり洗礼を受けました。芳英社で英語の手ほどきをされ、半年ぐらいたつと下の組を教えました。女生徒は一〇〇人ぐらいおりました」。

明治八年五月、芳英社は創立満三年を記念して教師生徒全員で写真をとり、これを遺品として解散した。「卒業写真の始」として石井研堂の『増訂明治事物起原』にでている。

明治五年二月、神田南佐柄木町に水交女塾が開かれた。

山下御門外南佐柄木街九番地所、星野天類寓居ニ於テ女子ニ英学ノ指南ヲ致シ、月謝其ノ

規則等モ至便ニ定メタル由、最寄ノ者ハ就テ学ブベシ

と明治五年二月の『新聞雑誌』に載っている。五年三月付の「開学願書」をみよう。

第一大区九ノ小区南佐柄木町三番借店星野康斉奉申上候。私女《むすめ》儀、是迄英学修行為致候ニ付、今般女学私塾相設度候得共、未浅学ニ依而本意を不遂候。折柄幸静岡県士族・小林省三女《むすめ》ま佐事願済ニテ私方ニ寄留、小女と同志ニ付、幼童ニ英学教導為致度、何卒開塾御免許ニ相成候様奉懇願候。

願人の星野康斉（天類）は医師で、その娘輝《てる》は福澤諭吉の弟子・古川正雄に英語を習った。当年一五歳である。星野輝と一緒に英語を教えようとする小林正《まさ》は、元幕臣で開拓使出仕・小林省三の娘で、沼津兵学校の乙骨《おとこつ》太郎乙に英語を習い、目下、築地のカロザース夫人について勉強中であった、当時一六歳。

まだ修業中の娘を教師として英語女学校を開いたのである。当時の英語教師で最年少は日洗舎で教えた一三歳の沼口登利である。いささかクレージーな、この日洗舎にふれておこう、日洗舎というこのクリーニング屋の名前のような女学校は明治五年二月に吉原遊廓のど真中に

できた。設立者は遊廓の楼主・沼口美佐雄（清吉）で、遊女達に英語を教え、身を清めさせるため日洗舎と名づけたのである。教師の沼口登利は楼主・美佐雄の娘である。前述の芳英社で、校主の妻・斎藤常から英語を教わったと言う（明治六年・開学願書）。世間ずれした遊女達に一三歳の少女が英語を教えられたであろうか。英語の学校とあれば、何事でも讃辞を送った当時の新聞も、さすがに日洗舎だけは例外で、遊女が英語で媚を売るなど、かえって文明開化の妨げになると警告している。

廃藩置県前後の明治四年頃から五年、六年にかけての東京は英語熱に煽られた。『新聞雑誌』一八号は四年三月中の英学者一六名をあげ門人三二三名の福澤諭吉をはじめ、鳴門義民、尺振八、箕作秋坪ら英学校の盛んなことを書きたてた。以後も歌舞伎役者の尾上菊五郎が英語を勉強したとか、銀座の弦妓が英学塾に通っているとかセンセーショナルにとりあげた。本稿の芳英社、水交女塾などもその一環である。これら女学校の生命は短かった。

明治初年の英語女学校のことは一たん筆をとめる。本格的英語女学校は桜井ちか子の桜井女学校から稿を改めて述べたい。

参考文献

高谷道男『ヘボン』吉川弘文館人物叢書

鷲山第三郎『明治学院五十年史』
山本秀煌『フェリス和英女学校六十年史』
『フェリス女学院百十年小史』
比屋根安定『日本基督教史』
会田倉吉『カロザスの事績』
『女子学院の歴史』
都市紀要四『築地居留地』
石井研堂『増訂明治事物起原』

三　女紅場をめぐるさまざまな世相

はじめに

これからしばらく女紅場について書こうと思う。「女工」とも「女功」「女巧」とも書く。女の手技《てわざ》のことだが、糸くり、縫いわざが主だから工をシャレて紅としたのであろう。艶《つや》っぽい意味ではない。

封建時代、女性の仕事として大事なことは夫に仕えて家内を守り整えることであった。これを女子に教える教訓書が江戸時代にうんざりするほど沢山でている。その中で広く読まれたという『女論語』は「桑をとりて蚕を養い、機織《はたおり》、裁物《たちもの》、績《うみ》、緝《つむぎ》、又は先祖の祭り事の手伝ひたすくる作法などを稽古して」と述べ、『女大学宝箱』は「いえの内の事に心を用ひ、織《おり》、縫績《ぬいうみ》、緝《つむぎ》　怠るべからず」と言う。績も緝も紡《つむ》ぐこと、繊維から引き出して糸にすることである。貝原益軒の『和俗童子訓』はわかり易い。「女に四行あり、一に婦徳、二に婦言、三に婦容、四に婦功」の四が女つとめの大事とし、「婦功とは女のつとむべきわざなり、ぬひ物をし、うみつむぎをし、衣服をととのへ」ることだという。紡績うみつむぎと裁縫が大事だとこぞって言っているのである。料理のことはないが、食事を整えるのは当然のこととして言わないのであろう。つまり、桑を食わせた蚕から糸をとり、布にして裁ち縫って着物に仕上げる一連の技術が女のわざ、即ち女功＝女工なのである。

古代・中世のある頃まではそうであった。宮廷、貴族、豪族が生き生きした時代、そこの女性は、この一連の技術を駆使して一族郎党の衣類を調達していたに違いない。しかし時代が下って分業が進むと養蚕と紡績は専門業となり、裁縫だけが家庭の女の仕事として残ったのである。

明治初年の女紅場については従来、次の二つが問われてきた。

一、学問と裁縫を合わせて学ぶ京都府の女紅場

二、芸娼妓解放令と連動した遊女女紅場

しかし第三の女紅場として製糸織物産業に働き手として活躍した女工たちの女工場もあげねばならない。これまで、この種の女工場も見過ごされてきたわけではないが、女性の勤労の場として『女工哀史』に代表される労働問題、社会問題、人権問題として論じられてきた。しかし明治初期のこの種の女工場は新しい機械に取り組んで、その技術を学びとる学習場であった。本稿では教育史として、まずこの勧業女紅場をとりあげたい。

メリヤス機械編の女紅場

幕末の開港を機にヨーロッパの器械製糸が注目され、明治三年、前橋藩で、また東京築地で、古河市兵衛によるイタリア式の器械製糸がはじまった。ついで明治五年には官営富岡製糸場で、フランス式によって操業を開始するが、これら製糸関係の女紅場については後に述べる。製糸と並んで、明治初年に注目されたのは新しい織物である。その一つ、メリヤス機械編《きかいあみ》の女紅場開設について述べたい。

メリヤスは糸を網目に編んだ生地を言う。伸縮自由で下着、肌着によい。江戸時代、オランダから輸入したらしく、長崎みやげで一部の好事家が足袋《たび》として用いていた。女利安《メリヤス》とも書くが、莫大小《メリヤス》とも書く。〝大も小も莫《な》い〟大きくも小さくもなる伸縮自由という意味だろう。一部の人は知っていたが一般には知られていなかった。明治になって西洋服が入ってきたが、政府官僚と上流社会に限られたのは、その高価なことと適当な下着がなかったからである。また下着にメリヤスがよいとわかっても、それを大量につくるすべを知らなかったからである。

明治六年七月の『新聞雑誌』に浅草月町の時習社分校で、英語教師イーヴァンスの妻が「莫大小《メリヤス》ヲ居織ル事ヲ教フ。謝金一〇円」との広告がでている。高い謝金に驚かされるが、西洋夫人が手なぐさみにメリヤス編物をしていたことがわかる。しかしこれでは大衆の下着生産にならない。

ここに通称・伊勢勝、西村勝三という男がいた。下総佐倉藩士で「日本道徳論」の著者、明治天皇の侍講、華族女学校長・西村茂樹の弟である。横浜で貿易商を営み、銃砲を諸藩に売り込んだりして儲けていたが、新政府の陸軍に靴を供給した。これがきっかけで陸軍省から兵隊の靴を造ることを依頼された。西村は明治三年、築地に製靴工場をつくった。西洋人レマルシャンを教師に雇い窮民五〇人に製靴法を習わせた。しかし革が少ない。今度は向島で製革業をはじめた。この両工場を合わせて桜組製靴所（西村の出身地・佐倉をかけている）という。こうして陸軍兵士の靴がわずかながらできたが、素足で履くわけにはいかない。ここにメリヤス編の靴下が登場する。

この兵隊靴下を大量生産しなければならない。個人の手編では間に合わない。そこで西村はメリヤス編機をアメリカに求め、ダナ発明の機械を購入して明治四年五月、築地にメリヤス編の女工場を設立した。明治六年八月、この築地の女工場・通称伊勢勝女紅場は次の広告を出した。

各種各国の大小メリヤス機械、縫機械並に右に用る毛糸縫糸等荷着、右用法稽古成され度方は通ひ又入業等引受申す可し。

この女工場は事業所であると同時に稽古場でもあったのである。

伊勢勝女紅場の器械はそれほどよくはなかった。兵士の靴も行き渡らなかった。西南戦争に従軍した政府軍兵士は革靴、草鞋半々であった。伊勢勝は英国やスイスの器械を購入して改善につとめた。明治十七、八年頃からメリヤスの下着が大量生産できるようになった。鹿鳴館時代、男女洋服がはやるのはメリヤス下着ができるようになったからである。

勧工女紅場と手芸の女紅場

明治初期、著しく発展したのは製糸業である。幕末開港後、横浜に集った西洋の貿易商人が目をつけたのは、安い日本の生糸であった。たまたまその頃、ヨーロッパの蚕糸国フランスとイタリアでは蚕病が流行して打撃を受けていた。日本の生糸は質が劣るが、低廉だからというわけで、これを買いまくった。しかし明治になるとヨーロッパの蚕病は克服され、貿易商たちは日本の生糸の品質に文句をつけるようになった。日本生糸の品質に疑問を持ったのは西洋人貿易商ばかりではない。日本人の中にも、これを改良せねばならないと決意した者があった。武州川越藩士、速水堅曹もその一人である。速水は横浜のスイス領事館で世界の生糸状況を知り、スイス

東京築地舶来ぜんまい
大仕掛絹糸を取る図

人技師ミューラーを雇い入れて上州前橋藩にかけ合い、製糸場をつくった。明治三年のことで、これが日本最初の機械製糸場とされている。ミューラーの技術はイタリア式であった。

当時、上州人の外国人に対する恐怖心と侮蔑心は強く、ミューラーは行く所で瓦石を投げつけられる有様であった。ためにミューラーは機械完成を待たず横浜に帰った。機械を完成させたのは速水堅曹であった。

失意のミューラーを横浜で救ったのは、後に足尾銅山鉱毒事件を惹《ひ》き起こした実業家古河市兵衛である。古河はミューラーを雇い入れ、築地に六〇人取りの製糸工場をつくった。「東京築地船来ぜんまい大仕掛絹糸を取る図」という錦絵がそれである。図にみる通り、働くのは女工で、女工場と言って差しつかえない。

戊辰戦争のさ中、江戸から武家がすべて引き払ったので、街の大半を占める武家屋敷はガラ空きになった。できたばかりの東京府は、この空き屋敷一帯を茶畠、桑畠にしようと奨励したので、桑は東京に居ながらにして容易に手に入った。実業家・古河市兵衛が目をつけたのはそこで、山里でもない築地に製糸場をつくったのである。しかし、肝心の蚕種を運ぶのに費用がかかり、収支が償わず、明治六年六月、ついにこれを閉じ、機械は信州諏訪に送り、工女は岩代の二本松製糸会社に移した。ミューラーのイタリア式技術はこうして各地に伝播したのである。

明治五年、官立富岡製糸工場が設立された。これは生糸改良、模範工場設立という政府の大方

製糸業　上州富岡製糸場之図
一曜斎国輝画

針のもとにはじまったもので、フランス人技師ブリュナを顧問に迎え、一人の女工が煮繭と繰糸を同時にできる共撚《ともより》（二本糸をからませる）式操場三〇〇基を置いた大工場であった。

ここを日本全国の生糸生産の本拠地にする計画だったので、ここで養成された工女は全国に散って地方の工女を指導しなければならない。ゆえに富岡製糸場の工女募集は優秀な教養ある女子を全国から集めようとした。その一端をみれば、信州松本地区から来た工女は旧松代藩家老の娘とか、松本地区区長の娘ら士族、名望家の子女で、『女工哀史』や『ああ野麦峠』に画かれた後年の貧農の娘ではなかった。こうした中流・上流の娘達が全国から集まって設備の整った寄宿舎で生活し最新式の機械が並んだ大工場で製糸法を学んだのである。明治六年六月二十四日、皇后行啓、製糸場の教職員と工女五〇〇人に酒肴を振まい縮緬を下賜された。

明治六年七月、工部省が東京赤坂溜池の勧工寮構内に女工場を開いた。女工伝習所ともいう。開業の趣旨の中で次のように述べている。

今ヤ文明進歩ノ時ニ中《あた》リ、百般ノ事業歳月ヲ遂テ沿革シ飲食衣服居室ノ制漸ク其風ヲ更ムルニ至レリ。随テ組織裁縫ヲ始メ諸ノ女工往事ニ同シカラザルモノ許多ナレバ、女子ニ於テモ其工芸ヲ忽ニセス。マサニコレヲ勉ムベキナリ（明治六年七月・工部省達第一号）

即ち、文明進歩の折から衣食住が変わった。故に女性はその技、女工を勉強しなければならない。また言う。

近来、女学校ノ設アリテ少女ヲシテコレニ従事セシムト雖モ稍成人ノモノニ至テハ少女ト同シク其校ニ入リ其業ヲ供ニスヘキニアラス。依之更ニ今般本寮ニ於テ外国女教師三名ヲ傭ヒ女工場ヲ開キ已ニ成年ヲ過ル女子トイヘトモ入場ヲ許シ各様ノ工芸ヲ教授セシム、有志ノ輩来テ業ヲ受クヘキモノ也。

年齢を過ぎて女学校に行かれない成年女性のための女工場であった。授業は午前九時三〇分から一二時までと午後一時三〇分から四時までとあり、全日授業は月謝三円五〇銭、半日は二円と定められている。通常の裁縫でなく、西洋婦人によって、西洋流の手芸を教えた。このように洋式手芸を教えたところに、この都会的女工場の特徴が見える。この女工場は職業人養成でなく、成人向けの女学校であった。生徒はほどほどに来たようだが、維持困難となり、明治九年一月、廃止された。

京都府の新英学校及女紅場

明治五年四月十四日、京都府上京区の土手町丸太町通の旧九条家下屋敷に新英学校及女紅場が設置された。京都府は次のように告示した。

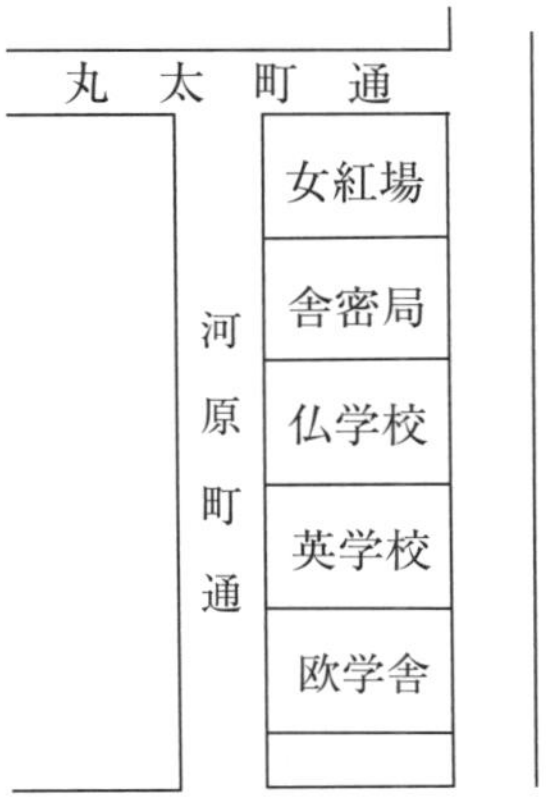

京都府上京区川原町通の洋学系中学校

今般工芸知術ヲ進歩セシメン為メ丸太町通鴨河岸ニ於テ一之学校ヲ開キ地理算術舎密和洋之女工英仏語等教授致サセ候条、望之者ハ男女長幼ニ不限、中学校へ可願出候事

当時、京都府は上京区丸太町通以南の河原町通と鴨川にはさまれた屋敷を接収して、図に見る通りの舎密

土手町丸太町通の新英学校女紅場

局（化学研究所）、仏《フランス》学校、英学校、欧学舎を設置し、それら全部を含めて京都府中学校を構想していた（拙著『明治前期中学校形成史』府県別編Ⅱ、洛中京都の中学校）。これら中学校群の北、丸太町通に沿ってできた女紅場はこの中学校群の一つとして考えられたのである。明治五年五月、ここを訪れた福澤諭吉が、「中学校の内、英学女工場と唱るものあり。英国教師夫婦を雇ひ、夫は男子を集て英語を授け、婦人は児女を預りて英語の外に兼て又縫針の芸を教へり」（「京都学校の記」）と記したのも故なしとしない。

女紅場規則の第一条はまず女性の道を説く。

女子ヲシテ学ニ就キ業ヲ修メシムル所以ハ家ニ在テ父母ニ事ヘ嫁シテ夫ニ従ヒ家ヲ治メ子ヲ育スルニ至ルマテ自ラ食力益世ノ道ヲ辨マヘ文学書数ノ大旨ヲ識リ裁縫機織蚕繅ノ術ヲ習ヒ灑掃及庖厨ノ事ニ至ルマテ之ヲ通暁セズンバアラズ

ここまでは旧来の家を守る女の道と変わらない。次いで新時代に進む女性像を示す。

方今文明ノ政、人ヲ採リ才ヲ長セシムル。男女ヲ問ハス各其器ニ因テ之ヲ達セシムルノ御盛挙ニ基キ、婦女子ト雖モ其才其器学テ大成スヘキ者ハ専ラ一技一術ヲ習熟セシメ、人ノ教導トナリテ国家ノ用ニ供スルアリ。

京都府は各区郡にも女紅場をたてる計画で、この丸太町通の女紅場を本拠と考えた。さてこそ生徒に今後たてる女紅場の教師になることを期待したのである。

学科は大きく英学科と女紅に分けられ、女紅はさらに裁縫と機織《はたおり》に分かれている。各科三等のカリキュラムで、英語学は綴字、文典、通弁書を易から難へ、裁縫は単物→紬木綿衣類・剪綵《せんさい》（押し絵染物の基礎）→小袖・羽織・袴・洋服類の順に、機織は糸撚《いとより》→木綿→絹紬の順に学ぶようになっている。英学科の生徒は必ず女紅も併学せねばならぬが、女紅科生徒は英学を学ばなくてもよい（女紅場規則第二条）。

学科科目ごとに多くの教員を雇った。英学には英国人イーヴァンスの妻エメリー、寄宿舎の舎監には京都府顧問・山本覚馬の妹で、後に同志社をたてた新島襄の妻になる八重（NHK大河ドラマ「八重の桜」の主人公、会津戦争で射撃の名手として活躍）、裁縫の製品係には幕末の志士・梅田雲浜

新英学校女紅場生徒
『京都府教育史・上』所収

の未亡人・千代、習字の教師に府の学務課長となった平井義直、剪綵には名人と言われた三井家の隠居・高福、絵画には東京で跡見女学校をたてた跡見花蹊、茶道に千玄室、華道に池坊専正など、名だたる人が顔を揃えている。

生徒は公家、武士、医師、学者の妻女が多く平民の娘は少なかった。公家の長谷信道の妻寛世、今村権典事の妻静と娘菊、宮永権小属の妻いと（三八歳）、勢多大判事の娘たき（八歳）など、京都府役人の妻娘が目立つ。年齢の差も大きかった。当初の入学者は七八名であった。

明治八年二月、土手町のこの女紅場を参観した文部省学監デイヴィット・マレーは次のように感想を述べている。

予輩一ノ大ナル女学校ヲ巡視セシニ生徒中ニ高貴人ノ女子モ見エタリ。本校ニハ外国女教師一名ヲ雇ヒテ英学ヲ教授ス。此生徒凡ソ三〇名アリテ単ニ日本学ノミヲ学ブ者多シ。且能ク裁縫繍箔等ノ技芸ヲ教授セリ。斯ク旧来京都名誉ノ効験アリシ巧妙ナル手芸ハ本校ニ於テ益塚磨セラル、ナリ（『ダビット・モルレー申報』）

新英学校の外国人教師イーヴァンス夫妻の評判がよくなかったので、在職一年の明治六年解雇し、英国人ウエットン夫妻に替えた。ウエットンは熱心であったが、生徒の英語力は上がらなかった。前掲ディヴィット・マレーの申報に「此生徒凡ソ三〇名アリテ単ニ日本学ヲ学ブ者多シ」とあるのはこのことである。七年十一月、新たに「女紅場規則」ができて、府下小学校の女紅場が増設されるようになったので、土手町の女紅場は九年五月、単に女紅場と称するようになった。後に京都府立第一高等女学校になる。

新英学校女紅場は、このように短命に終わった。しかしこの学校の教育史的意義は深く大きい。その特異さは潤沢な学校資金にも見られる。この学校は開校と同時に外国人教師をはじめ、多くの専門教師を雇っている。イーヴァンス夫人は神戸の外国人商会を通じて洋銀一、二〇〇両に及ぶ書籍、裁縫ミシンを輸入した。このような膨大な学校資金を京都府はどうして調達したのだろう。この学校は京都府の遠大な殖産興業、文明開化政策の一環なのである。迂遠のようだが、京都府の学校設置政策と殖産政策について述べたい。

潤沢な資金でたてられた番組小学校と京都府中学

明治五年の「学制」に先立って京都の近代学校は活発に動き出した。初発は番組小学校、第二は中学校、第三は女学校である。この三者は関連し合っているが、その淵源は異なる。番組小学校は京都町会所の再編と連動したものだし、中学校は天皇東幸、大学校代廃止という事件から浮上したものである。そして女学校は京都府の勧業政策の一環として行われたものであった。まず番組小学校から述べよう。

京都は昔から町人による自治的な町組をつくっていたが、長い間に旧勢力と新住民の間に争いがあったり、町組の広さに大小ができて不都合があった。元治元（一八六四）年の蛤御門の戦いは御所から南七条まで焼き払った。旧来の町組を組み直すチャンスとばかり、したたかな京都町衆は新しい町組編成をかねた復興に取り組んだ。そうしたさ中に鳥羽伏見戦に続く王政復古の明治維新を迎えたのである。京都の街は東征軍が編成されては出発し、軍隊の移動が激しく、混乱にまぎれて浮浪者も入り込み、治安が悪化した。治安の元締めたる所司代はすでにない。街の復興は町人自身でしなければならない。復興計画は市街に学校をつくろうという形で現れた。街に住む私塾の教師からも、有力な町年寄からもその声があがった。それを受けた京都府は新しい自治体を組織して、それによって人智を開発しようと、まず町組を改組した。明治元年七月のことである。そして改組された町番組に小学校をたてることにし、十月、町年寄を集め、新しくつくる番組小学校を説明した。

此小学校ノ構ト云ハ学事而已ノタメニアラズ、便利ノ地ニ建営シテ手跡算術読書ノ稽古場ナリ、儒書講釈心学道話ノ教諭所ナリ、町組集議ノ会所ナリ、又或時ハ布告ノ趣意ヲ此処ニテ委細ニ説キ聞セ、多人数ノ呼出シモ態々当府ヘ罷リ出、終日ノ手間隙ヲ費サス共、府ヨリ此処ヘ出張シ申渡ス事モアルベシ。一ツノ小学校成就セバ数多ノ便利叫ブベシ（『京都小学三十年史』）。

つまりこの番組小学校は①幼童のための読み書き算の稽古場、②成人のための道徳講話会場、③町会の会議所、④府庁の出張所を兼ねたもので、寺子屋でもなければ「学制」が示す近代小学校でもない。開化に向けて府が町民と交流しながら人智を開発する拠点なのである。もともと京都には町衆の幹部が集まる会所が町ごとにあり、そこには床屋が居て町衆は髪を結って貰いながら無駄話をしたり情報を集めたりした。一種のサロンである。そのような伝統的サロンの上に教育所をかぶせ、府役人と町衆の意見交換、教化機関にしようとしたのが番組小学校であった。

この提案に讃成する町衆は多く、各番組の年寄から讃意の建言が届いた。早速、番組小学校の建設にとりかかる年寄が続出した。また書肆村上勘兵衛ら一〇名は、これに讃同し一、〇〇〇両を献金した。府もまた約八七八両を下渡し、その半高を無利息一〇ヶ年賦で返納させることにした。かくして明治二年末までに六四の番組小学校が開設されたのである。

京都府中学は明治三年十二月七日に二条城北の旧幕府所司代屋敷に誕生するが、それには明治元年四月に行った大学寮代開校以来の経緯がある。

元年四月十五日、天保十三（一八四二）年からあった学習院を大学寮代と改称した。そもそも学習院は公家の子弟があまりに勉強しないからつくった漢学校であったが、王政復古の時代が到来したから、古代律令に倣った大学寮にしようと学習院を大学寮代としたのである。

しかし尊王攘夷運動でできた新政府は平田国学流の皇国学を奉じていることから漢学の学習院はもの足りない。そこで、御所の東方、鴨川沿いにあった九条邸に皇学所をつくり、並びの梶井宮邸に大学寮代を移して漢学所と改称した。皇学所には公家と神官、国学者が集まりわが世の春が来たと涙を流して喜んだ。元年九月のことである。

九月二十日、明治天皇が江戸に出発した。文武百官を引きつれての東幸であったので、都が江戸に遷るのではないかと京都人は心配したが、天皇は江戸城に入るとこれを東京城と改称し、十二月二十二日、京都に還幸した。京都人は胸をなで下ろした。この時期は奥羽箱館戦争の最中、新政府は東京遷都を言い出せない。そこで「海内一家東西同視」という曖昧な言葉で都は東京と西京（京都）と二つあると思わせた。その後、今日に至るまで、東京に遷都したと宣言したことはない。日本流である。

明治二年、東西両京に都があると漠然と思っていた頃、大学も東西両京に置こうとする考えが起こった。それに乗って東京では旧幕時代の昌平黌、開成所、医学校を合わせて大学校とし、京都は皇学所・漢学所を大学校代とした。東京も京都も国学者と漢学者の争いが高じてきた。長年きたえられた漢学に比べて国学の力は低いのだが、尊皇攘夷のイデオロギーを信じた平田国学の一派や廃仏毀釈で思い上がった一部の神官たちは意気軒昂たるものがあった。政府の高官もこの争いに匙を投げざるを得なかった。明治三年七月、東京では国学派が拠る大学本校を廃して洋学の南校と医学の東校だけとし、京都の大学校代も廃止して、その機能をすべて京都府に移管した。当時、政府は東京に官立の中学校をつくりはじめていた。そこで京都府の中学校にも一ヶ月一、〇〇〇両の経費を支給した。京都の中学校は府立学校でありながら多額の官費で運営されていたのである。

三年十二月、旧所司代邸で行われていた中学開校式は国学、漢学、洋学の代表教員に講釈させて三学の顔をたてているが、京都府の本音は洋学の中学校にあった。府は鴨川べりの河原町通に欧学舎、英学校、仏学校を矢継ぎ早にたてた。新英学校女紅場が開かれた同じ場所である。

槙村正直

京都府勧業政策の一環としての女紅場

市中取締→京都裁判所をへて明治元年四月京都府ができた。府知事は公家の長谷信篤である。幕末の騒擾で京都の産業は衰微した。府がやらねばならぬ第一は浮浪者の処置と産業の振興である。それをなし遂げたのは後の府知事で大参事の槙村正直、府顧問・山本覚馬、府一等属・明石博高のトリオであった。

槙村は長州藩士、木戸孝允に近く、開化思想の持ち主で、よく保守派と協調しながら京都の文明開化を推進した。山本は会津藩士、佐久間象山に師事して藩の砲術指南、幕末、藩主・松平容保が京都守護職になると随行して活躍、その間、眼病で盲目となった。戊辰の戦乱中、薩摩軍に捕えられたが幽閉中、政治改革論「管見」を提出、これが西郷らに認められて京都府顧問に抜擢された。明石は京都の蘭方医の家に生まれた。西洋医学を名門・新宮家で学び、化学一般は大阪舎密局で外国人に学んだ。幕末から維新にかけて京都医学研究会を起して物理化学の実験分析を行ったが、たまたま槙村と顔を合わせたことがきっかけで、京都府に出仕することになった。京都府の文明開化は山本が計画し、槙村が決断し、明石が実行したと言われるが、三者一体となって、これを推進したとみるべきであろう。以下述べる改革案や改革プランは誰のものか特定できない。
まずやらねばならぬことは浮浪者の始末と産業の振興である。府は明治三年十一月、上京区中立売通の北側に窮民授産所を設け、窮民各自の性質、体質に応じ、適当な職業を与えた。次いで四年二月には河原町二条下ルの元長州藩邸に勧業場を開き府の勧業事務を統轄した。「勧業場事務規約」第一条は次の如く言う。

山本覚馬

浮華遊惰ヲ戒メ正業勉励ヲ勧ムルハ経世ノ要務。況ヤ京都府下ハ御東幸後、日ニ衰微ニ趣ノ地、是ヲ挽回繁盛ナラシムルハ農工商ノ三業ガ勧誘作新スルニアリ。故ニ此場ヲ設ケテ専ラ工職ヲ勧奨シ物産ヲ興隆シ会社商店ヲ保護シ諸工場ヲ起シ食力益世ノ道ヲ開示スルヲ以テ主務トス（『明治文化と明石博高翁』）。

この目的に沿って、まず三年十二月、勧業場内に舎密局を、②四年四月、御苑内に養蚕場を、③四年十二月、洛外桂村に製革場を、④五年二月、

明石博高

川端通荒神橋下ルに牧畜場を設けた。そして、⑤五年四月に、土手町丸太町に新英学校女紅場をつくったのである。ここには欧学舎、英学校等、京都府中学の一環としてできた洋学校もあったが、勧業場の中枢とも言える舎密局もあり、これに隣接して女紅場ができたのである。

　これだけの事業をやるには莫大な資金がなければならない。京都府はどうして資金を得たか。まず勧業基立金である。明治元年閏四月、政府が産業振興のため設置した商法司を廃止した際、京都府にその事業を委譲するに当って貸下げた一五万両がある。次に天皇から下賜された一〇万両がある。前に述べた通り、明治元年の東幸は年内に還御したので京都人は安堵したが、翌二年三月の再東幸で朝廷が京都から去ることを感じとった町衆は嘆き悲しんだ。天皇はこれを慰撫するため一〇万両を下賜した。勧業基立金と天皇下賜金を合わせた二五万両が京都府産業振興の最初の資金である。しかし京都再興のための資金としてはまだ足りない。それには京都町衆が府の政策に讃成し、進んで協力するようにさせねばならない。槇村らの打つ手は巧妙であった。最初に手をつけたのは物産引立会所である。ここで蒸気船を買い込んで阪神間と瀬戸内海の物産流通を盛んにした。次に西陣物産会社を創立した。古代から天下一を誇った西陣織物は近世中頃から信州、関東の同業に押され勝ちであったが、さらに幕末維新の動乱で大打撃を受けた。これをたて直すべく、西陣の各業種、各店の統轄、これと並行して織物はじめ京都の各種物産を展示して人々を寄せる博覧会を西本願寺を本拠に、年々開催した。これらの事業、催物には三井八郎右衛門、熊谷久右衛門ら京都の豪商がこぞって協力した。

勧業場の中枢は舎密局である。ここでは外来の薬物、飲料を検査し、新しい生活用品を生み出した。同じ頃、東京でも文明開化の呼声で洋式製造がはじまった。京都の勧業場に当るものが工部省であり、舎密局に当るものが工部大学校である。そして製造所として砲兵工廠、赤羽製作所（機械）、品川硝子製作所、深川製作寮（セメント）、千住製絨所（ラシャ製絨、洋服、特に軍服）が続々操業を開始した。これに対し、京都勧業場・舎密局でつくり出されたものは石鹸、氷砂糖、レモナーデ、ビール、ラムネ、また陶磁器、ガラス等の生活用品である。東京が府でなく、政府の機関でつくられたから軍事、鉄道にかかわる大工業であったのに対し、京都は府政の産業策として行われたから市民の生活用品になるのである。この時期、東京府は窮民の救済以外、積極的なことはしていない。京都府のこの生活産業再興策が有力町衆の共感を呼び、市民の協力を得たのである。新英学校女紅場は京都のこうした動きの中で生まれた一駒であった。

京都府上京三〇区・二九区の正貞女紅場

土手町丸太町通の新英学校女紅場を皮切りに全国各府県に女紅場ができていった。水野真知子氏は明治二十年までにできた北海道及び二七府県の一〇〇に及ぶ女紅場を調査しているが（『高等女学校の研究――女子教育改革史の視座から』上）、まだまだ、その全体像はわからない。本稿は京都府の正貞女紅場（遊女女紅場ではないもの）その他いくつかをあげるに止める。

明治六年三月、上京三〇区柳馬場通押小路下ル虎石町の中井正太郎家を借りて女紅場が開かれた。設立願人は上京第三〇区の区長・田中松之介と副区長・吉田茂右衛門の両名で、費用は当区の積立金の利子と有志の寄付金でまかなうとした。これが京都の正貞女紅場第一号である。教授者二名と助教を雇い、「我国ノ衣服裁縫ハ勿論、洋服ノ仕立、養蚕、紡績等」を教え、世の務め、婦徳の道も教えるという。授業は午前八時から午後四時まで、日曜日は休業だが、午後二時から四時まで、「当今必用ノ翻訳書類及ビ婦道有益の書」を読み聞かせる。区内に住む貞実な老婦人を選び、当女紅場の教授者と生徒を監督する（「女紅場規則」）。この監督取締には同区の大年寄で、かの柳池小学校をたてた熊谷直孝の妹のかうが就任し、三宅たつ子が和裁を、フランス人ジュリーの妻が洋裁を教えることで、この女紅場は発足した。「女紅場規則」の冒頭に、これを設けた理由として次のように書かれている。

従来、縫物屋ト称スル者アリ。或ハ間々深窓ノ少女ヲ観劇ニ誘ヒ或ハ俳優ノ容貌ノ研美ヲ論シ以テ長日ノ徒然ヲ慰ムル者アリ。其弊或ハ其温良ノ性質ヲシテ遊惰放蕩ニ陥ラシメン。実ニ悲歎ニ不堪。然ルニ当今文明日ニ開ケ、都鄙ニ学校アリ、少女モ口ニ孝経ヲ誦スル折柄、斯ル弊風ノ猶存スル有テハ彼幸ニ小学校ニ入リ、玉ト磨キシ少女モ所謂縫物屋ニ堕落シ瓦トナリ砕ケシ事ヲ恐ル

縫物屋と言うのは関東で言うお針屋のことだろう。武家の娘は原則として母親から裁縫を習うが、町家の母親はいそがしいし、裁縫を学んでこなかった者もいるから、町家の娘はお針屋で、それを習うのである。お針屋師匠は寺子屋師匠の妻女の場合もあれば、寡婦の賃仕事の場合もある。京都の縫物屋の生徒が俳優の容貌を噂し合ったり、芝居に誘ったりするのを如何にも放蕩堕落のように歎いているが、都会の娘のお喋りと芝居好きは京都に限ったことでなく、諸書によく出ているところである。「女紅場規則」で言うのは、お喋りしながら一日だらだら続けるマンネリ化した裁縫稽古を文明開化を機に締め直そうとしたものであろう。

同年四月、三〇区に隣接する二九区御池通堺町西入町に上京第二九区女紅場が開設された。願人は区長の多田佐兵衛と副区長の慶松勝左衛門である。女紅場運営は会社をたて、積立金を募り、その利子で行うもので、その規定が詳細に決められている。学科は衣服の裁縫、蚕桑、織績で三〇

区女紅場と変わりないが、その趣旨は三〇区とやや異なる。

方今文化ノ盛ナル人々食力益世ノ務ヲ知リ百工競ヒ進ミ物産争ヒ興ル。婦女子ト雖、空手坐食ス可キノ時ニ非ス。故ニ此場ニ開キ区内一般少女ニ限ラス。現今、人ノ妻タル者モ入場ヲ許シ…女工ヲ教授シ以テ物産繁殖ノ一端ヲ開キ云々（第二九女紅場規則前文）

と京都の産業振興の一翼を担う覚悟を示している。また、

此場ノ設ハ生徒ヲシテ成業ナラシメン為ナレバ社中ヨリ新タニ布帛ヲ与ヘ各種ノ衣服ヲ裁縫セシメ其業ヲ習熟セシメン事ヲ企ツ（規則第二五条）

とあり、

基本金ノ利子ト工料トヲ以テ毎月諸費ヲ償ヒ尚ホ餘リアルハ是ヲ益金トシ毎年六月一二月ノ両度ニ社中出金高ニ応シテ是ヲ割渡スヘシ（規則第二七条）

とあるから、女紅場で作った製品を売捌いて経常費に当てようとしたのであろう。さればこそ生徒製品について、区長、管事、裁縫教授、生徒立合のもとに評価し、上等者に褒賞を与える規定が細かく決められているのである（規則第一一条、第一二条、第一三条）。

裁縫教授は芝田シゲ（和服）、下島ハル（洋服）で、監督者たる取締役には中島栄春が任命された。「生徒ノ女子班ヲ分ッテ坐シ裁縫ヲ習フ教師ハ諄々トシテ教へ、壁ニハ皇国輿地全図並ニ地球全図ヲ掛ゲ萬事能ク行届ケリ」と『京都新聞』六七号は伝えている。少女だけでなく妻女も受け入れた。早く教授者にして生産力を高めたいのであろう。授業料はない。授業は日曜日と月末二日を除く毎日午前八時から午後四時まで、日曜日は休暇だが、午後二時から四時まで、当今に必要な翻訳書と女子に有益なる書物を読まねばならない。「生徒其用具ニ俳優者ノ記号ヲ描シ又ハ淫奔ニ近キ書画類等ヲ携ル事及ヒ是ヲ談話スル事ヲ許サス」（規則第八条）とあって女性観は三〇区女紅場と変わらない。この二九区女紅場は同区の番組小学校の敷地内につくられたもので、この番組小学校は初音小学校として後年に続いた。

慶応義塾衣服仕立局と東京の普通女紅場

明治五年の秋、慶應義塾に衣服仕立局ができた。女紅場と言わなかったが、女子を集めて裁縫その他女工を教え、衣服を販売しようとしたところは京都の正貞女紅場と同じである。その他いくつかの女紅場ができた。遊女女紅場でないものを東京では正貞と言わないので普通女紅場としておこう。

福澤諭吉の遺影は明治初年のものに洋服姿が少しあるが、若い頃、欧米でとった写真も晩年のそれも殆んど和服姿である。洋装は好きではなかったらしい。それでも明治初年には洋服を自家製にしようと思い、衣服仕立局の高橋岩路と塾員の朝吹英二に謀った。朝吹が帆木綿が丈夫で安価だと主張したので、これで洋服を作ったが、重くて着づらい。染色もうまくいかないので遂にあきらめた。こんな失敗談のある衣服仕立局である。

明治五年十月の『新聞雑誌』に慶應義塾衣服仕立局開業の広告がでた。長文なので、要約すると、前半は日本製洋服を作る必要性、後半は日本婦人が衣服仕立から女工一切に励まねばならぬ重要性を力説している。即ち言う。洋服の便利なことは説明を要しないが、これが普及しないのは品柄が上等すぎて値段が高いからである。洋学書生が一揃の洋服を買おうとすれば半年の学費がなくなる。わが衣服仕立局でつくる洋服は中等以下世間の日用に適するものだが、もしお金をおしまないで上等の服を求めたいならば、それも作ります。この仕立局は洋服だけでなく、和服の仕立も洗張からじゅばん下帯の洗濯までするから注文あれ、「右二条は客に告る口上なり。今又ここに仕立場を開きし趣意を記すこと左の如し」として女子の勤労を説く口調はいかにも福澤らしい。そもそも男女は同じように働いて互いに厄介にならぬように心掛けねばならぬのに都会の婦女子はひたすら男子に依存して我ままである。美服を好み糸竹にふけり閑居して芝居のことや町の賑いばかり話している。それは畢竟、婦人に適する職業が少ないからである……と。そこで慶應義塾内の旧福澤邸を改造して衣服仕立局をつくった。福澤も京都の町衆も町娘の騒がしさと娯楽好きをにがにがしく思っていたらしい。こうして西洋ミシンを購入して慶應義塾衣服仕立局は開業した。しかし町娘たちの応募はあまりなかったらしい。塾員の家族婦女子で行った。帆木綿で作った洋服も失敗し、仕立局は立ちゆかなくなった。同年末には丸屋商社に譲り渡された。仕立局の塾員・高橋岩路は丸屋に移って仕事を継続した。明治十三年、銀座に移って丸善裁縫店となったが、丸善商社は本業を書籍販売にしたので裁縫は高橋の個人経営になり、高橋洋服店となって後代に続いた。

明治八年三月、神田練屏町に女紅学舎が開かれた。学科は読書、算学、裁縫の三科で、

読書　五音・女文章・和文国史・和文翻訳書
算学　八算・見一・異乗・異除・算梯ニ随フ
裁縫　和服・組糸・縫取・洋服

とあり、裁縫については午前舎中用、午後自分用の裁縫を為すとあるから午前の裁縫は頼まれも

津田仙

ので学舎の収入になったのだろう。

教師は千代田清右衛門と妻政である。清右衛門は漢学、五音（和楽）、算術を私塾で学び、政は人妻から裁縫を学び、高松藩邸で女中奉公をした（明治八年・開学願書）。いわば江戸前のお針屋教育を受けた女性であった。女紅学舎は「明治十年・私立中学校表」（『文部省第五年報』）に登記されている。

明治九年一月の『東京曙』に津田仙の女紅場開業のことが出ている。


昨三日は津田仙先生の近頃建設せられし女紅場の開業式でございましたが、百人近く女生徒一同揃ひし所へ先生夫婦始め学農社の諸先生を始めとして其末席に本社社長青江秀も罷出で、津田先生始め諸氏の演舌がありました。生徒等はいづれもおとなしく行儀の正しきことは大人も恥ずかしきばかりにて只女工を教授せらる丶のみならず、品行上までしつけられますは誠に行届かれしことと感心いたしました。且つ日曜日毎には此場所に教師の説教がありますから功業を仕覚える外、一体の人品がよくなるのでございましょう。

津田仙は元下総佐倉藩士、外国語が堪能なことから外国奉行の通弁となり、慶應三年には幕府随員として福澤諭吉らと渡米、また明治六年にはウィーン万国博覧会に書記官として出張、この時、オランダの農学者ホイブレークに師事した。帰国後、その口述筆記をまとめて『農事三事』を刊行、好評を博した。彼は欧州には農業の専門大学があるのに日本にはこれがないとして明治九年、東京麻布に学農社を設立した。前掲『東京曙』の記事にはないが、この女紅場は学農社と一体のものと思われる。在米の娘・梅子に送った同年三月二日付の手紙には「このキカイ（津田縄・津田仙が考案した農具）をこしらへ候ふは女子にして女工場を相建て昨今は日々数千本出来、女工毎日弐百人余も通ひ居り候」とある（『津田塾六十年史』）。学農社ではアスパラガス、カリフラワー、ブロッコリーなどの西洋野菜を試験栽培し、これを日本に根付かせた。津田はまた敬虔なクリスチャンでもあった。前記、『東京曙』の記事にある〝日曜日の説教〟がそれである。

明治初年の東京は政府による官立の専門学校や女学校がたてられたが、東京府は学校設置に消極的で、小学校も中学校も旧来の寺子屋・私塾を私立小学校、中学校と称してすませた。ゆえに女学校、女紅場も京都のように府の計画のもとに市民が参加したものではなく、民間の私人が各自の計画で女学校、女紅場をつくった。千代田清右衛門の女紅場や津田仙の女紅場はその一例である。

マリヤ・ルーズ号事件と芸娼妓解放令

勧業女紅場、正貞（普通）女紅場を書いてきたが、遊女女紅場も見逃せない。遊女女紅場が明治五年末から急に全国に展開したのはマリヤ・ルーズ号事件とそれから派生した芸娼妓解放令に関連する。京都ではこの事件発生前から遊女芸妓厚生のための女紅場を計画していたが、これを推進したのは、この事件であるから、まずこの事件を述べよう。

明治五年七月、ペルーの汽船マリヤ・ルーズ号が支那人の苦力《クーリー》二〇〇余名を乗せてペルーに向かう途中、暴風に遭って横浜港に避難した。ある夜、一人の苦力が海に逃れ、同港に停泊中の英国軍艦に取り縋って救助を求めた。彼の語るところによれば、支那人たちは賃金労働の契約で乗船したが、事実は奴隷の扱いでペルーに売られるという。早速、英国公吏のワットソンが調査したら、その通りであったのでワットソンは日本政府に、この奴隷の救済を促した。この問題について外務卿と司法卿の意見が対立して、まとまらなかったが、外務卿・副島種臣は熱心にこれをすすめ、この事件を外務省管轄事件として解決を神奈川県権令・大江卓に預けた。大江のことは前に書いたが戊辰戦争直前、高野山で挙兵し、西南戦争では西郷に呼応、挙兵して入獄し、後には自由党の議員となって政府と対立するなど乱世の豪傑である。この日本初の国際刑事事件に敢然と立ち向かった。ペルー側は諸外国と手を組んで支那苦力のペルー行きを求めた。これに対し、大江は日本領海内での奴隷虐待私刑行為は許さないとして苦力を解放、支那に帰してしまった。この臨時裁判中、ペルー側代言人が、こんなことを言った。「日本はペルーの契約者を奴隷と言うが、日本はもっと酷い奴隷契約をしているではないか。それは、全国各地にいる遊女達である」と。これには大江をはじめ、日本の高官たちは驚いた。彼らは遊女達の存在を知りながら育ち、現に生活しているから、遊女が奴隷と思わない。しかし西洋人達が、そう言うなら、この際、遊女を全部、家もとに帰してしまえと一決した。ここが、この時期の政府高官の面白い所である。これ以前の幕府高官にしろ、以後の政治家にしろ、こうはゆかない。ああだこうだと理屈を言い、決論が出ない。しかし、この明治五年という時の政府高官はつい二、三年前まで地方の藩士で維新の動乱の中を駆けずり廻った青年である。廃藩置県後の人事刷新で旧弊の公家や大名高官を引きずり下ろして伸し上がった未経験の若い政治家である。理屈よりはムードでことを決する。時は廃藩直後、文明開化に舵を切った時である。こうして芸娼妓解放というエポックメーキングは政府一体で行われたのである。

続いて芸娼妓解放令について述べねばならないが、その前にマリア・ルーズ号事件のその後を簡単に述べておきたい。ペルーは簡単に引き下らなかった。ペルー側につく諸外国もあって、国際裁判になった。この日本最初の国際裁判の裁断者は奇しくも日露戦争の時のロシヤ皇帝アレキサンドル二世（後名ニコライ二世）であった。時恰もアメリカ南北戦争後の奴隷解放熱が高まった時であったから世論は日本に有利に働き日本の勝訴となった。

さて、芸娼妓解放である。マリア・ルーズ号事件の途中、ペルー側に〝日本の遊女は奴隷だ〟と指摘された時、日本の高官たちは成程そうだと一刀両断で遊女達の解放を決めた。明治五年十月二日の太政官達二九五号がそれである。〝古来からの年期奉公は人身売買に当る。農工商の業習熟のための弟子奉公も今後七年を過ぎてはならない〟と述べたあと「娼妓芸妓等年季奉公人一切解放可致」と命じた。ゆえにこれを「芸娼妓解放令」と言う。

司法省も芸娼妓解放令を出した。同年十月九日の司法省達二二号である。即ち人身売買は古来から禁制だから娼妓芸妓の雇入金は不正金と看なす。苦情があれば取しらべの上、その金を取り上げると一喝した後、面白い理屈を述べている。「娼妓芸妓ハ人身ノ権利ヲ失フ者ニテ牛馬ト異ナラス。人ヨリ牛馬ニ物ノ返弁ヲ求ムルノ理ナシ」故に芸娼妓に貸した金は返済されないという。〝牛馬きりほどき令〟と陰口された。

東京府も府知事・大久保一翁の名で府令（十月四日から十日にかけて六回）を出したが、売春の実態を知っているので細かい。太政官や司法省は娼妓芸妓と一括したが、東京府は娼妓即ち遊女と芸妓即ち芸者と区別している。〝芸者〟本来は座敷で踊りや音曲をする芸人で幇間太鼓持《ほうかんたいこもち》の男芸者を指したが、次第に女芸者を芸者と呼ぶようになった。娼妓と違って遊郭の中に閉じ込められるのではなく、置屋《おきや》に所属し、置屋の女主人の養女ということになっている。行動はかなり自由である。女主人の許可のもと、政府高官や大商人の想い者になって庇護を受けても良いし、別れて別の男と愛し合ってもよい。木戸孝允参議の妻は芸者あがりであったし、外務大臣で日清講和会議の立役者・陸奥宗光の妻亮子はその才気と美貌で欧米社交界の花と謳われたが、出身は新橋の芸者・小兼《こかね》であった。江戸の芸者は気っぷがよく、名前も美代吉などと男名前をつけ、わざと男物の羽織を着て（女性は羽織を着ないのが普通）タンカも切る。それが、また男達にもてて〝羽織〟と呼ばれるのが誇りであった。枕芸者と呼ばれる売春専門の芸者も居たが、多くは日常、社交を専門とし、男性と対《つい》に話せる教養を持っていた。江戸深川の芸者はその最高で辰巳芸者と呼ばれ、江戸町娘の憧れであった。江戸には狭い小屋で売春する〝蹴転《けころ》〟や、菰《こも》をかぶって野外で売春する〝夜鷹《よたか》〟などいくらでもあるが、これらは取締の対象にされていない。東京府の取締は、遊郭にしろ芸者の置屋にしろ、一たん取調べた上、貸座敷として渡世するよう勧めている。これが抜け道である。英米流に自由恋愛をたてまえとして、その場所を提供するのはかまわないと言うのだろう。

京都祇園の女紅場と東京の千束村女紅場

明治六年三月、京都下京祇園新地に祇園女紅場が開かれた。これが遊女女紅場の初発で以後京都の宮川町、先斗町《ぽんとちょう》、島原、上七軒、五番町、二条新地、五条平居町、墨染、伏見中書島に続々たてられた。また京都の郡部にも、さらに日本全国各府県にできていくが、本稿は祇園女紅場に的

祇園新地婦女職工引立会社

をしぼろう。

五年十月、京都下京第一五区（祇園新地）の区長・杉浦次郎右衛門、遊女芸者検番所支配人井上与三郎外一五名連署で婦女職工引立会社設置の請願書が京都府に提出された。区長の杉浦も祇園遊女屋の楼主である。請願書の全文は明治五年十一月の『京都新聞』五二号に載っている。長文で重複の多い〝迷文〟であるが、要はまちがった道を歩んでしまった遊女芸妓を正業につかせねばならぬから「漸次遊芸浮業ヲ転ジテ実業正職ニ赴」くようにしたいと言うものである。つまり、ぴったりここで遊女業を止めると言うのではなく、遊女業をしながら女工を教え、将来生業につくための技術を学ばせると言っているのである。

芸娼妓解放令によって、突然抱主から解放されたのはよいが、元来、家が貧しく家計を助けるためにこの道に入ったのだから途方に暮れる。

そこで当人が志願すれば錙札《しさつ》を下付して遊女屋改め貸座敷業で営業させる。こうした錙札を持った遊女が同じ貸座敷業の女紅場で学ぶのである。朝から遊ぶ漂客《ひょうかく》はいないから陽の当るうちが授業である。

祇園女紅場には工職場と商法場があった。工職場は裁縫、養蚕以下、押絵、鹿子絞、糸組物、袋物、刺繡、団扇、扇子、半襟、琴三味線糸を作る稽古場。商法場は是等の製品を売捌く所で男性がこれにあたっている。会社は頭取一人で区長の兼任、その下に勘定役、支配人と取締役・教授者数人の女性が居た。鑢札の遊女が遊女本来の営業をすると賦金として会社に差し出すが、半額は女紅場の資金になった。「規則」として「場中にて遊席閨房のことを談ずるを禁ず」「婦女子は文の遺取りを禁ず」の二項が掲げられていた。

明治十年版の『京都明治新誌』に次の如くあると石井研堂は言う（『明治事物起原』農工部）。

> 闔都女紅場ノ設ケ多シ。而シテ祇園女紅場此レ其ノ最モ巨擘者ナリ。屋宇二層、簷美ヲ街頭ニ衒ヒ、琉璃ノ障、玻璃ノ灯、人ノ面目ヲ新ニシ、内ニ多少ノ佳人ヲ貯フ。貼《スハリテ》針ヲ穿ツ者有リ、紡車ヲ挑ム者有リ、絹繪ヲ木匡ニ掌張《カケテ》シテ鶯宿梅図ヲ刺ス者有リ、まぶ（客の中の特定の愛人）ノ為メニ衣ヲ裁スル者アリ。単語ヲ読ム者有リ筆算ヲ学ブ者、針ヲ停メテ睡ヲ催ス者有リ、此輩、夕ニ色ヲヒサキ、朝ニ芸ヲ沽《ウ》リ、其閑ヲ拾ヒテ此場ニ上リ女タル職ヲ学ブ。

石井研堂は次のように言う「日夕酒宴枕席に侍する少女を狩り立てて、このような教場に入れしとてその効果はなかるべく、ただ開化ばやりの功利説に乗りし一つの売名事業に過ぎざりしを思う」。女紅場を教育施設とは認めなかった。

東京では吉原遊郭に近い千束村に遊女女紅場ができた。明治十年十二月五日の『朝野新聞』に次の記事がある。

今般猿若町三丁目、井田政一郎を始め、新吉原の稲本楼、梶田楼、岡本楼の主人等が発起にて新吉原京町二丁目及び千束村に数百坪の地所を借り受け凡そ五、〇〇〇円の資本を以て女紅場を建築し、芸娼妓九〇〇人計りに裁縫紡績は申すに及ばず、読書、習字、算術を教え、又新聞中の美事をも読み聞かせ、後来正道の生業に就かしむるの見込みにて昨日其筋へ願い出でたりと、誠に結構々々。

千束女紅場については、これ以上、その実態を知る手がかりがない。東京では、これを教育施設と認めなかったのか、教育史料の中に見当たらない。

京都は遊郭内に女紅場をつくり、貸座敷という名で売春営業を続けながら、同じ場所で女工の稽古をさせた。東京は地続きではあるが遊郭外の千束村に女紅場をつくり、遊女に女工の勉強をさせたのである。もともと芸娼妓解放令は人身売買に当る遊女の年期奉公を禁じたのであって、売春を禁じたわけではないから、京都も東京も遊女が自分の意志で売春した形にして、その場所を貸す貸座敷業に転向したのである。しかしこの事件を境に京都と東京の花柳界は変わった。京都はこれ以前と同様に遊郭内に娼妓も芸妓も同居して売春も社交も混在しながら後代に続いた。対する東京は娼妓と芸妓を分離した。東京は遊女解放後、密売春が各所で起り、遊郭を元に戻せとの声があがった。遊郭を出たがらない娼妓もあった。自力で生活できないからである。

東京府は遊郭を新吉原、根津、品川、新宿、板橋、千住の六ヶ所に限定し、その他での売春をきびしく取締まるよう方針を変えた。明治九年二月の警視庁による「貸座敷並娼妓規則」がそれである。江戸の芸妓が遊郭にばかり密集していなかったことは前に書いた。本場は深川の辰巳芸者である。江戸城からみて辰巳の方角だから、そう言うのだが、その本拠は柳橋であった。もともと柳橋界隈には料亭が多かったが、明治になってから料亭、待合茶屋が急増した。さらに新橋が、これに加わった。銀座と築地に隣接するこの地は武家屋敷が多かったので、明治以後、上京した官員の住宅地になった。霞が関からも便がよい。この新橋が柳橋に次ぐ芸妓の根拠地になって待合貸座敷が軒を並べた。客は待合で宴会も開けば飲み食いもし、芸妓と遊ぶ。意気投合すれば愛人同志にもなるが、売春ばかりを目的とするものでもない。新しい社交術が始まったのである。後の連合艦隊司令長官・山本五十六大将の愛人は新橋の芸妓であった。

参考文献

石井研堂『明治事物起原』農工部・軍事部
京都府教育会『京都府教育史』上
田中緑紅『明治文化と明石博高翁』
神辺靖光『明治前期中学校形成史』府県別編Ⅱ　環瀬戸内海、洛中京都の中学校
尾形裕康『皇漢両学所の実態』
『慶應義塾百年史』上巻
三好信浩『日本農業教育成立史の研究』
神辺靖光『明治初期・東京の女学校』
伊東秀吉『日本廃娼運動史』
水野真知子『高等女学校の研究――女子教育改革史の視座から』上

四　国漢学系の女学校

はじめに

明治初年の東京にはいたる所に漢学塾があった。江戸城の開城、徳川将軍家の静岡移封で徳川の家臣たちは一たん駿河に移ったが、廃藩置県後、多くの者が舞い戻り、職業がないので、あちこちに漢学塾を開いたからである。東京府はこれらを私立中学校として保護した。やがて転職したりしてなくなったものもあるが、各種学校として続いたものもある。これらの中に武家の女性が開いたものがある。女子の生徒が多かったので女学校と名乗った。

他国の出身者で数奇な縁から宮中や政府顕官の後援で貴族的な女学校をつくった女性もいる。国漢学を基礎教養としながらも政府の欧化政策にも歩調を合わせる柔軟性を持っていた。

東京下谷仲御徒町《したやなかおかちまち》と奥原晴湖、日尾直子の女傑二人

江戸下谷仲御徒町から練塀小路一帯（現台東区ＪＲ山手線御徒町駅東側）は徒士侍《かちざむらい》（騎馬を許されない下級武士、俗に御家人小旗本《ごけにんこっぱたもと》という）の小住宅地であったが、そこはまた大沼枕山の下谷

吟社、鱸《すずき》松唐の七曲《しちきょく》吟社など天下に名だたる漢詩人の本拠地であったし、高名な書家・関雪江の雪江楼も門を張っていた。彼らは江戸の街から集まってくる門人弟子の詩書を指導するばかりか、遠く他国の詩社吟社から送ってくる漢詩の添削をしたり多忙な日々を送っていた。彼らの門人は百人を超えていたので、手狭な下谷の住いでは教えられない。日時を決めての入れ替わり立ち替りの授業だが、時には門人一同で合評会もしたい。それには格好の場所があった。近くの池之端《いけのはた》畔に立ち並ぶ酒楼料亭である。そこを借り切って詩・書の合評会を開き、終れば宴会となる。合評会は各自作詩の吟詠からはじまる。この吟詠は現在の声を張り上げるものではない。あれは明治中期から始まったもので、当時の詩吟は通常の読み方に多少抑揚をつけた静かで深みのあるものであった。

経史子集といわれるように漢詩は本来、儒学を学ぶ一つの途で、漢学の中の一つである。しかし朱子学の屁理屈にこり固まった当時の儒学は面白くない。いきおい情感ほとばしる詩の世界に走る者が多かった。古代の大学寮で本家の明経道から亜流の文章道に移る公家が多かったのと同じである。こうして平安時代に和歌が興ったように江戸後期に漢詩が盛んになった。熱血溢れる幕末の志士たちが漢詩を愛したことは故なしとしない。江戸の下谷は漢詩の本場になった。

さて漢詩の合評会である。その後の宴会が楽しみであるが、座興に即席の筆を揮《ふる》って書や絵を画くことが流行《はや》った。山水画では古くから画面の余白に賛《さん》を書く。賛は画意に合う詩を書くと趣がよい。かくして詩に興じた画家と書家が一緒になって書画会が開かれるようになった。その様子は天保三（一八三二）年刊の寺門静軒著『江戸繁昌記』初編・書画会に詳しく載っている。漢詩人、書家、画家の例会は忽ちのうちに扇屋、筆屋ら商人の知るところとなって座興の筆のすさびは商品と化し、商人は儲け、文人墨客の懐ぐあいもよくなったのである。

下谷仲御徒町には一代の女流文人画家・奥原晴湖が住んでいた。晴湖は下総古河藩士の娘、奥原家の養女、若くして南画（文人画）の諸家に習って腕をあげ幕末に江戸に出て下谷に卜居した。明治三年秋の「東京諸先生高名方独案内」（石井研堂『明治事物起原』所収）に画師・下谷・奥原晴湖の名があがっている。この一枚刷り紙片は二八〇人の東京在住の学者、芸術家、医者、武芸家を並べ立てたものであるが、英学者・福澤諭吉、儒学者・芳野立蔵、剣術・斎藤彌九郎らと同列に奥原晴湖の名が見られる。晴湖は参議・木戸孝允の庇護のもとで、文人墨客と交流し、明治五年には宮中で御前揮毫まで行い名を馳せた。明治中期の新聞記者・山本笑月は次のように述べている。

閨秀画家も明治時代には大物がそろっていた。その筆頭は明治初期の書画界に男子以上の幅を利かせた奥原晴湖、気性も頑強なら画風も頑強、文人画としても磊落極まる筆法で書蹟も剛放、それで身装も白縮緬の兵児帯姿で男子そこのけ、当時一流のばりばりであったが、晩年文人画の衰退と共に熊谷に引退、不遇で終った（山本笑月『明治世相百話』）。

その奥原晴湖が明治初年に下谷仲御徒町の私宅で春暢学舎という女塾を開いていたのだ。調査年代明治四年という『日本教育史資料八』の東京府私塾調では教授学科は書画、女生徒数一七〇。東京府の『明治六年開学明細書』では教授学科は四書五経と史類、女生徒数三名と違う。前者は旧来の文人画の門人、後者は近隣の童女に漢文を教えたことを言うのであろう。

幕末の漢学者にして国学者、漢詩もやれば和歌もやるという多才な日尾荊山の娘、日尾直子も晴湖と同じ仲御徒町三丁目に父ゆずりの至誠塾を開いていた。前掲『日本教育史資料八』では男子生徒一二に対し、女子生徒一八であるが、明治九年の東京府調査では男子三三に対し女子八八(『文部省第四年報一』)、この時は私立中学校になっている。学科は国語と漢文で、『古事記』、『万葉集』、『古今和歌集』や『十八史略』、『元明史略』、『文章軌範』等、和漢の書籍が教科書であった(明治六年『東京府開学明細書』)。

明治十一年に入学したという園豊子の「日尾塾のことども」という回想記(昭和十三年・月刊『日本及日本人』四月号)がある。散文的でわかりにくいが、この私塾の生活をあらましみれば次のようである。塾は男塾と女塾に分かれ、先生の居間という別棟があった。入塾時期のきまりはなく、入塾は何時でもよかった。学費塾費は食費を含めて一月二円五〇銭、暮の二十日から正月十日までと夏一ヶ月の休暇に家に帰るが、他は退塾するまで塾生活を続ける。

授業は日曜日を除く毎日、朝から夕方までで、時間のきまりもクラスもない。先生または代稽古の先輩が授業をはじめた時が始業で終わった時が終業である。昼食があったから、その時間が昼休みなのだろう。授業は徹底的な個別指導で、和漢の書の素読と習字。土曜日に日尾先生の講義が男女別にある外は全員集まる一斉授業はない。入学したい時に来て止めたい時に退学すればよいというものであった。これは女子だけのきまりであったと思うが、日曜日も外出は許されない。塾で出される菓子を食べながら草双紙や物語を読んだり、遊んだりした。楽しみは年二回春秋の遠足。塾出入の職人が弁当持ちで先導し、飛鳥山まで遊びに行くことぐらいであった。朝の起床から夜九時の就眠まで、掃除、入浴、食事等の躾作法がきびしかった。三度の食事の賄いは日尾直子づきの五人の女中がやったと言う。

明治のはじめの女学校長

明治十五年出版の『高名校主自筆百人一首』という冊子に篠原学校校主・篠原直《なお》、河村女学校校主・河村重子という二人の似顔絵が載っている。二人の経歴と学校のことを書こう。

篠原学校のことは杉浦重剛が中心になって調査した大日本教育会刊の『維新前東京市私立小学校教育法及維持法取調書』（神辺蔵）に載っている。正徳元（一七一一）年以来、神田岩本町に続いた手習所（寺子屋）であった。このあたり一帯は大江戸経済の中心で、商家や職人の町であった。直は父の篠原倪山から習字と往来物を学び、天保九（一八三八）年、父のあとを継いで、この

女学校長　篠原直

手習所の師匠になった（明治六年・開学明細書の履歴）。

寺子屋師匠も手習子も圧倒的に男性、男児が多かった。しかし江戸中期ごろから中小の商工業で女子の働き手を求めるようになると、商工業に必要な知識、読み書き算の知識が求められるようになった。これは江戸・大阪のような経済の盛んな所に強く、従って、大都市の寺子屋・手習所に女児が通うことが顕著になった。町家の娘は商家や職人に嫁《か》すことが多いが、商家や親方の内儀におさまるにしても手代や職人のてまえ、文字の読み書き、そろばんの一つもできなくては睨みがきかない。街の女子はすすんで寺子屋・手習所に通う。江戸の下町では手習子は男児より女児の方が多くなった。女児が多くなると男児と女児の部屋を分ける。

〝師匠様、以上（男児）とかしく（女児）別に置き〟と川柳にある。さらに女児が多くなると、女児だけの手習所になる。そして教師も師匠の妻か娘に代替させる。江戸下町にはこのような女手習所が続出したのである。篠原直の手習所はその典型的なものであった。

ここで一言、寺子屋と手習所について述べておきたい。寺子屋は大阪のことばで、大阪では魚屋、米屋のように商店に屋をつける。寺子（生徒）を集めて商売するから寺子屋という。一方、江戸では手習師匠は、はじめ武士がやったから勿体ぶって〝手習指南〟〝入木道《じゅぼくどう》（習字のこと）〟〝筆学所〟などと言ったが、〝手習〟が一般語となったので手習所とした。〝寺子屋〟を教育史上の学術用語にしたのは明治十六年、『日本教育史資料』の編さんに際し、文部省が、私塾と区別するため、初等文字学習の稽古所を〝寺子屋〟に統一したからである。

さて文部省は明治五年の「学制」で西洋式の小学校を指示した。しかし西洋風の小学校がすぐできるはずがない。府県はそれぞれの方式をとったが、東京府は一方で「学制」に準拠した公立小学校の育成につとめつつも大多数は旧来の寺子屋で間に合わせようとした。かくて明治八年に、めぼしい寺子屋を一斉に認定した。篠原直の手習所は篠原学校として『文部省第三年報』に載っている。直はこの学校の校長として続き、明治十五年出版の『高名校主自筆百人一首』に載ったのである。

明治九年二月、河村重子が東京府に河村女校の開業願いを届出た（東京府開学願書）。重子は青森県士族・河村宗澹の娘で、当年一八歳、祖父の河村吟松について国学、和歌、習字を十数年間学んだという。学科は国学で、『古事記』『萬葉集』『古語拾遺』『日本書紀』『大日本史』『日本外史』『皇朝史略』『詞八衢《ことばのやちまた》』などを教えた。一五歳以上の女子を生徒としたもので、女学校の嚆矢たるにふさわしい。翌十年十一月、近くの麻布材木町に分校を開いた。本校を含めてこのあたりは坂道に沿って

女学校長　河村重子

武家屋敷が続いた所である。現在の港区麻布台周辺で、後に麻布中学校や東洋英和女学校、香蘭女学校等、キリスト教系の中等学校ができて学校街となった。国学系だが、河村女校はその先駆といえよう。明治十年の生徒、本校分校合わせて六一名である。

明治十年四月、宮原金矢が芝田村町に恒徳女学校を開いた。この辺は麻布に続く武家屋敷地で、入れ墨判官で有名な遠山金四郎の屋敷があった所である。

金矢の父・宮原成太は安政年間から江戸麹町平川町で漢学塾・蒼雪舎を開いていた。幕末には門人二〇〇名を数える大私塾であった。明治九年、息子の宮原確が跡を継ぎ、貝崔学校と改称して私立中学校になった。金矢は確の姉に当る。子どもの頃から父成太について漢学を修め、また氷川神社の詞掌・橋本彦八から国学を学んだ。明治六年、第二中学区一番公立小学鞆絵学校の一等授業生となって勤務、七年には準下等訓導に栄進した。八年さらに第二番公立小学校桜川女学校下等訓導に累進したが、十年四月、依願退職して私立恒徳女学校を開校したのである。時に宮原金矢二五歳であった（明治十年・私学開学願書）。

女生徒の年齢は一五歳以上とし、学科は漢学と国学、八級制で八級から一級まで和漢の書籍を易から難へ並べた教則を作った。全日制で、すべて通学、日曜日を休日にする等、時代の進化を感じさせる。

跡見花蹊と跡見女学校

国漢学系の女学校としては跡見女学校（現跡見女子大学の前身）と創立者・跡見花蹊を見逃すわけにはゆかない。花蹊は大阪の郷士・跡見重敬の娘として生まれた。幕末、家運が傾き、重敬は寺子屋や画塾を開いて暮らしをたてていた。花蹊は近くの漢学塾や画塾で書を読み画を習っていたので、長ずるや父の寺子屋、画塾を手伝った。安政三（一八五六）年一七歳のとき、京都に遊学した。しかし学費がなかったから扇に揮毫するアルバイトで生活費学費を工面した。二年後、大阪に帰った花蹊は再び父の寺子屋画塾を手伝ったが、若き花蹊の書画を慕って入門する者が多くなった。安政六（一八五九）年、跡見家に転機が訪れた。重敬が公家の姉小路家に仕えることになったのである。以後、姉小路家を通じて花蹊は宮中貴族社会とつながりを持つようになる。彼女は京都に移って東洞院二条に画塾を開いた。彼女の画本が知られるようになり、屏風、衝立などの揮毫の依頼も多くなり、堂上公家の門人が広く集まった。

時は流れ明治三年、父重敬は姉小路家に従って東京移住、花蹊も東京に移った。東京でも花蹊の画才は政府高官の間で評判となり、明治五年には前出の奥原晴湖と一緒に皇后の御前で揮毫す

東京・中猿楽町の跡見女学校
新築校舎

る栄に浴した。
明治七年六月、神田猿楽町に校地を求め、女学校設立を企てた。翌八年一月八日、開校式、当日、花蹊は日記に次のように記している。

昨年より取りかゝりたる学校建築落成に付、此の日吉辰を以て開校式執行、上流紳士淑女の来賓の多き驚き入りたり。これより跡見学校として専ら女子教育に従事することとはなれり。国語、漢籍、算術、習字、絵画、裁縫、挿花、卓茶の九科目なり。即日入門せる華族の姫達八十余名に達す（大塚久『跡見女学校五十年史』）。

「開学願書」は明治八年十一月付になっており教員には花蹊の弟・愛治郎の名がある。愛治郎は京都・東京の漢学塾で学んだ後、東京府師範学校で小学教則を講習中であった。そうしたこともあったので、この学校は明治九年の「私立小学校表」（『文部省第四年報』）に跡見女学校として登記されている。

京都以来の花蹊の公家との交際、東京移住後の宮中や政府高官とのつき合いの縁もあって跡見女学校は忽ち貴族高官の娘たちで賑わった。花蹊もまた、それを意識してか、今様風の女官舞踊をまねた踊りを習わせたり、女官の服装にヒントを得たという制服を定めたりして貴族女学校化をすすめた。明治十一年四月の『読売新聞』に次の記事がある。

中猿楽町の跡見女学校の生徒試験が、今月七日にありましたが、流石《さすが》に縉紳華族のお姫様がたゆえ、其奇麗であったこと、何れも富士の額《ひたい》に雪をいただき、柳の眉に桜いろ、小さいお子は野辺にさく菫の花の可愛らしく、百花園中に七宝を連ねたよりも美事にて、殊に上品で、水ッ鼻を垂らし乍《なが》ら団子の横食い連中とは違うから、威儀堂々として講堂に座し、順序を追って講義された。……楼上には各女生徒の書いた大小字、合作山水花鳥人物が凡そ六十幅もかけ並べ、書は雲煙を起し、画は丹精をこらし、翌八日にも東伏見宮のお娘子や三条太政大臣のお姫君が入らせられて前日の通り書画をかき、講義をもあったのは実に盛んな事。

文中、試験というのは今日の学校文化祭で、生徒が日頃学んだ書画を展示したり、和漢の書を講義して、父母来賓の批評に供したからそう言ったのであろう。こうして跡見女学校は東京の上流社会の讃辞を受け急速に発展した。しかし贅沢なお嬢さん女学校として嫌われる側面もあった

（前出・園豊子「日尾塾のことども」）。

明治18年頃の下田歌子

下田歌子と桃夭女塾

国漢学系の女流教育家で跡見花蹊の活躍をもう一廻り大きくしたのが下田歌子である。

下田歌子は安政元（一八五四）年、美濃岩村藩士平尾鍒蔵の長女として生まれた。幼名はせき。祖父は幕末の儒者・東条琴台である。長じてせきは漢籍を祖父と父に学び、和歌を京都在住の歌人・八田知紀に学んだ。幕末の動乱で平尾一家は上京して官に職を得ようとしたが、うまくゆかず鍒蔵は眼病に倒れた。せきは、この間、湯島の絵師某に絵を習い、提灯や凧絵を画いて家計を助けた。明治五年十月、せきは宮中に仕えることになった。和歌の師・八田知紀が、宮内省の御用掛になったため、その紹介である。宮中に参上して皇后に拝謁した際、せきはその感激を数首の和歌に託した。彼女の歌才をみてとった皇后は、歌子の名を与えた。かくして平尾歌子となる。時に一九歳、皇后はことの外、歌子を可愛がり、学者から講義を受ける時は必ず歌子を同伴させた。歌子は当代和漢洋の碩学・福羽美静、元田永孚、加藤弘之から直々の講義を受けた。明治十二年、歌子二六歳の時、剣客・下田猛男と結婚した。幕末、猛男が武者修業のため、全国を経巡《へめぐ》った時、美濃の平尾鍒蔵方に留まり、互いに文学、剣術を教え合った因縁による。歌子は宮中を辞職した。

下田猛男は麻布に剣道場を開いて多くの門人を集め、各地の警察署に出向いて、警察官に剣術を教えていた。彼は剣技では名声を得たが、大酒家で、それがたたり、悪性の胃病にかかった。歌子は献身的に病身の夫を看病した。しかし長引く看病に、今度は歌子が病魔に冒され、療養の身となった。明治十七年五月、下田猛男は亡くなった。

これより前、明治十四年の頃である。伊藤博文、山県有朋、井上毅、佐々木高行、土方久元らの政府高官が、下田歌子に女学校を開かないかという話をもちかけてきた。彼らは数年前、宮中女官として働く歌子と昵懇であり彼女の学識才覚を知っていた。当時、神田錦町に華族学校ができており、そこに高官の娘を入学させることができたが、華族学校は男子生徒ばかりだったし、教師が男性ばかりであった。娘の教師は女性であってほしいし、教養ゆたかで、新時代に対応できる女性でなければならない。それには下田歌子は打ってつけであると伊藤をはじめ高官たちは思った。夫の看病と自分の療養、歌子は自立した仕事をやりたかったのであろう。ただちに行動に移った。

明治十四年の暮れの頃と思われる。麹町一番町の自宅に下田学校の看板を掲げた。一番最初の弟子と言われた本野久子の談話筆記が残っている。

私が始めて下田先生にお眼にかかりましたのは恰度一番町のお宅時代に正式に〝桃夭女塾〟が創立される前でした。その頃はまだ女塾と名乗らなければならなかっただけにお嬢さんがたは割合少なく、いつもお見えになる御弟子といへば伊藤公爵夫人、山県公爵夫人、田中公爵夫人、そのほか大臣方の奥様たちでした。まず眼目のお講義は源氏物語で、次が和歌のお直し。少さいお嬢さんがたには徒然草、古今集のお講義、その他をりをり四書五経のお話などがあって、また別に他から先生がいらしってお琴のお稽古などもございました。……先生があいうお方でしたから塾生の誰もが力を入れたのはすでに天下一品の面影があった源氏物語のお講義と和歌のお題を頂いて作ることの二つでしたろう。和歌の宿題がよく出来ますと先生はあの無類の達筆で、そのうちの秀歌を短冊に書いて下さいます。それをお手本にお習字をするのですから、まるで自分の歌を先生のお手本通りに完全なものとしてゆくような気持ちで非常に励みになりました。

またいう。

その頃の先生は二八ぐらいでしたか、黄八丈が流行した頃とて、丸髷にお髷をおあげになり、黄八丈のお召物に黒繻子の合せの昼夜帯を裾を引いてお召になるお姿は、まことに粋なものでございました（『下田歌子先生伝』）。

翌明治十五年三月に下田歌子から下田学校の名で開学願書が提出されている（東京府文書）。学科は「国学を主トシ、漢学及裁縫其他女芸ニ亜《ツ》ク」となっており、月謝は一円五〇銭、別に裁縫二五銭、弾琴五〇銭であった。

その年、校名を桃夭女塾とかえた。「詩経」桃夭編にある〝桃の夭夭たる灼灼たる其華之子《このこ》干帰《ゆきとつぐ》其室家に宜《よろ》しからん〟という新嫁の詩からとったものである。花嫁学校をイメージしたものであろう。

生徒は次第に集まり、数十名に達するようになった。国文学や和歌は歌子の得意とする所であったが、漢学は父の鍒蔵が教えた。また伊藤博文の紹介で、アメリカ帰りの若き津田梅子が英語を教えるようになった。

桃夭女塾は塾の名の通り、塾生も預った。塾生の世話は歌子の母親・房子が当った。明治十八年、次に述べるように華族女学校が開校して桃夭女塾の生徒はあげて華族女学校に移るのだが、寄宿舎としての桃夭女塾はしばらく、そのままに残ることになる。

華族女学校開校

明治十八年十一月、東京府四谷区仲町（現迎賓館正門前）に華族女学校が開校した。華族女学校の設置は皇后（後の昭憲皇太后）のお思召《ぼしめし》しであると『女子学習院五十年史』は強調しているが、そんなことはない。伊藤博文が華族制度、内閣制度をつくる一環としてつくったのである。

西郷、木戸、大久保の三傑が死亡し、十五年の政変で大隈重信が失脚したあと、新政府を牽引《けん》したのは伊藤博文であるが、政治体制は太政官制度であった。太政官制は王政復古の掛け声でつくられたもので、天皇の下に太政大臣、左大臣、右大臣の三長官があり、すべて三大臣の合議で、天皇の裁可を得るという制度である。三大臣には藤原氏の名流が就く伝統があった。だが、無能な公家ばかりで才覚がないから、三大臣の下に武家出身の参議を置いて意見を吸い上げていた。しかし事を決するには優柔不断で行政が遅滞すること甚だしかった。憲法調査のため、ヨーロッパ諸国をまわった伊藤は諸外国の行政組織をみて、君主の下の内閣制を最良とし、これの成立を考えた。伊藤の帰国直前、凡庸な公家の中で唯一、近代政治がわかる岩倉具視がガンで死んだ。公家を政治行政から追放するチャンスが到来した。策略に富んだ伊藤が考えたことは皇室の藩屏と称して公家を祭り上げ、実際の政治行政から追い払うことであった。ついでに、これも無能な旧大名を飾り物にするため皇室の藩屏にする。こうしてできたのが、明治十七年、伊藤宮内卿によって出された華族令である。これによって公家・大名は公・侯・伯・子・男の五爵位に順位づけられ、新しい貴族社会が作られた。その際、伊藤は自分達維新の功臣を貴族に加えるのを忘れず、自らも伯爵（のち公爵）になり、薩長藩閥の功臣も高位の新貴族になった。地位と名誉を与えて政治に口を出させない方策であった。こうした手当が終わった後、断行したのが太政官制の廃止と内閣制の樹立である。太政、左右の三大臣はなくなり、太政大臣・三条実美は新しくつくられた内大臣（天皇の相談役、後に総理大臣の推せん役として力を振った時もあるが、この時は何の権限もない）になった。

伊藤博文は新制の内閣総理大臣になり、維新の功臣・武士あがりが大臣を独占した。武士と言っても無能者もいる。次に伊藤が手を打ったのは縁故採用になった無能な官僚の追放である。新内閣の発表と同時に、閣僚全員に各省の事務整理を指示し、各省は無能官僚を一掃した。これに替る新官僚の養成が明治十九年にはじまる帝国大学法科大学であるが、女子教育史と離れるので筆を止める。

明治15年頃の伊藤博文

さて、皇室の藩屏として無能な公家、大名を貴族にしたが、ただ遊ばせておく手はない。新時代に合わせた社交界をつくる。伊藤はヨーロッパ巡

鹿鳴館

遊で、貴族達の社交をみてきた。日本のように遊女や酌婦をはべらせての酒宴ではない。洋館でダンスをする活発なものである。時恰かも改良運動が盛んで、文学改良、演劇改良等が叫ばれていた。この風潮に乗って社会改良をする。それに貴族を引きずり込む。一方、この時期は不平等条約改正が重要な課題になった。井上馨外務卿は各国と交渉したが、日本がいかに西洋先進諸国と同レベルの文化を持つようになったかを示す必要あると思った。それには在日外国人と貴族の社交を始める以外はないと伊藤や井上は考えた。かくして西欧風社交の場、鹿鳴館が明治十六年十一月、内山下町（現帝国ホテルのあたり）に建てられ、鹿鳴館時代の幕があくのである。洋風の嫌いな公家大名の貴族はこれに参加せず、結局、伊藤、井上をはじめとする功臣新貴族とそのとりまきによって社交ダンスを主とする鹿鳴館社交界は盛況をみるようになる。

一方、維新以来、全国各地に小学校、中学校がたてられてゆくのに東京に集められた華族の子弟がゆくべき学校がないのに焦慮する華族がいた。東京には寺子屋私塾まがいの私立学校はたくさんあったが官立公立の小中学校はなかった。華族の子どもは街の庶民と一緒には学ばせられないというのが通念であった。有志華族の建議によって明治十年、神田錦町に学習院が再建された。華族会館の管理で私立学校として出立し、一時、文部省管理になったが、十六年以降、宮内省管理になって後年に続く。学習院は本来華族の子弟がゆく学校であるが、一般士庶の入学を赦した。華族の入学者が予想より少なかったからである。学習院は男子のコースと女子のコースがあったが、女生徒の入学はまた極めて少なかった。

新しい社交界創設をめざす伊藤にとって新貴族の無教養は困ったことであった。新社交界はヨーロッパ流で貴族の女性家族もその輪に入らねばならない。学習院の女生徒の少なさはどうだろう。これでは将来の貴族社交界が成りたたない。外国の女学校のように学習院から女生徒を別けねばならぬ。こうして明治十八年、伊藤博文宮内卿によって華族女学校に関する一連の達、通則が出されたのである。

華族女学校の下田歌子

明治十八年十一月十三日、皇后が行啓して華族女学校の開校式が行われた。校長は熊本籠城で名を馳せた陸軍中将・谷干城《たてき》である。谷は学習院長を兼ねていたので、教授である下田歌子が華

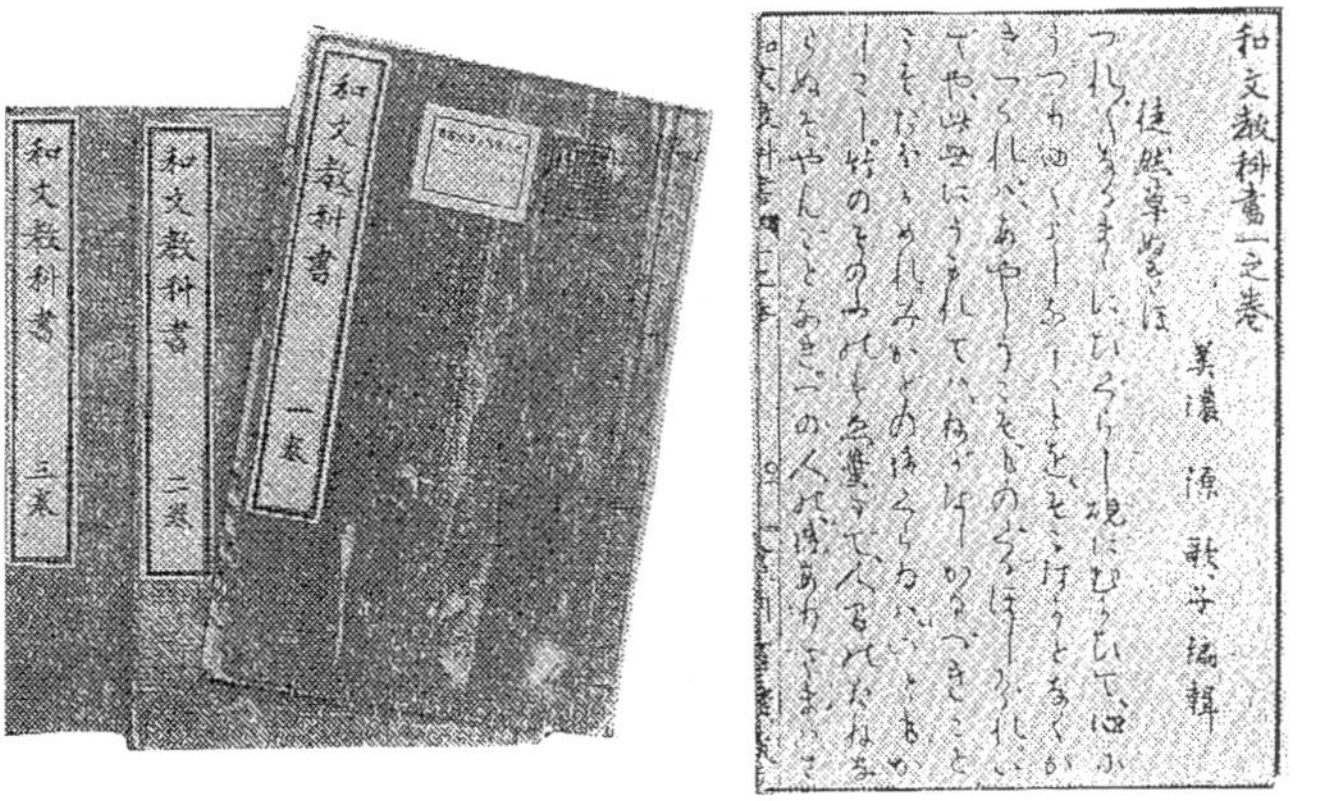

和文教科書はしがき

族女学校の実務一切をとりしきった。しかし同年十二月、第一次伊藤内閣ができると谷干城は農商務相に就任して、華族女学校校長を辞任した。そこで下田歌子が学監となって校長事務を代行した。生徒は学習院女子部より移した三八名と下田の桃夭女塾から移った約六〇名、それに選抜された新入生徒を加えて一四三名で出発した。学科課程は下等小学（三年）→上等小学（三年）、初等中学（三年）→高等中学（三年）というもので、第三次教育令、小学校令、中学校令のいずれにも関係を持たない独自のものであった。小学校中学校を一貫した一二年学校と思えばよい。

学科目は修身、算術、歴史、物理など、概ね当時、一般の学科目と変わりないが、異色なのは下等小学の実物、上等小学の礼式、初等中学の欧語学、高等中学の家政などがある。実物は〝地理並有形理学〟とあるから小学の初歩として地図または地球儀、動植物の実物か絵図

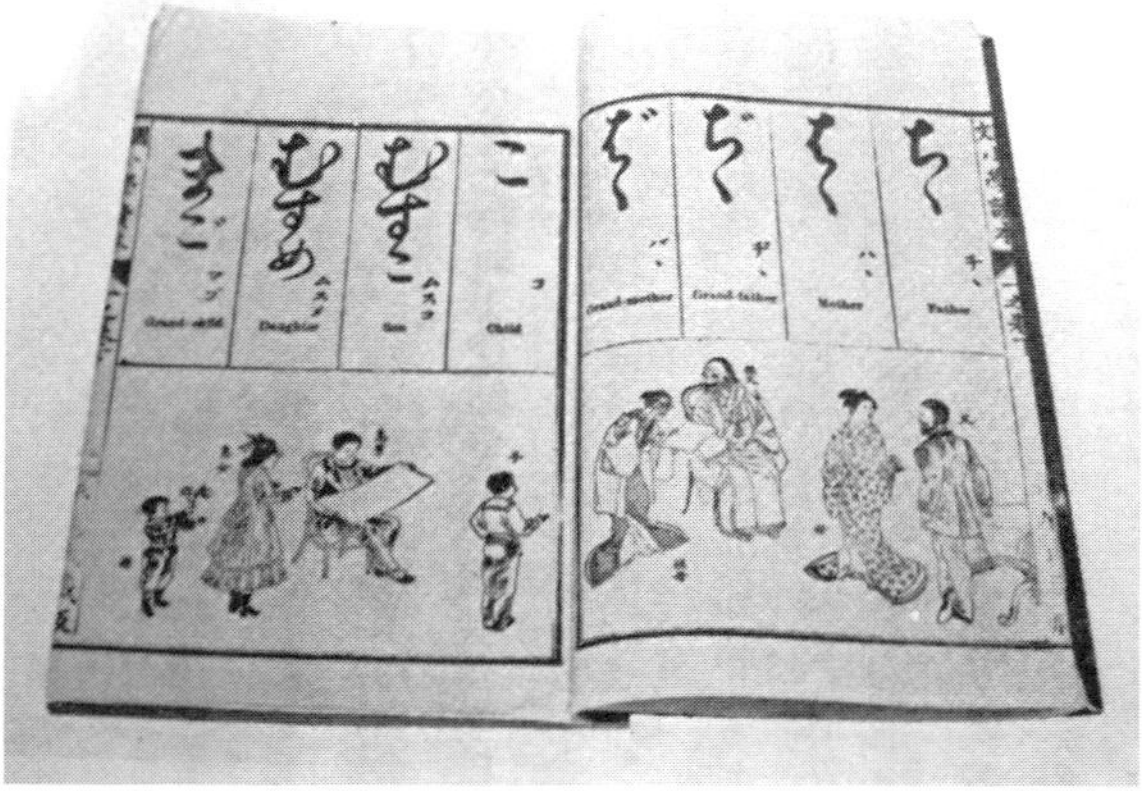

国文小学読本一之巻下

を見せたのであろう。礼式は文字通りの礼儀作法、欧語学は特に会話談話を重視した。貴族婦人として外国人との社交に配慮したのである。家政は卒業生の回想によれば、下田歌子直々の授業で嫁してからの女の心得を生徒は一語も聞き洩らすまいと謹聴した。華族女学校の学科課程作成に下田歌子が関わったのは疑いない。日本古来の文学、婦道を軸としながらも西洋の文化・マナーをとり入れた時代の伸展に沿ったものであった。

華族女学校就任の時、歌子が思いついたのは和文の教科書編さんであった。これまで桃夭女塾の授業で『源氏物語』や和歌の指導をしてきたが、多くの女学生に和文を教えるには『源氏物語』は不向きと考えた。そして営々努力の結果、明治二十二年五月、『和文教科書』全一〇巻（宮内省蔵版）が完成した。第一巻と第二巻は『徒然草』、第三巻は『十六夜日記』で、これらの教材を通じて伝統的なよい日本語、日本文を会得させようとしこれによって日本語の発音、仮名づかい、言葉の種類と法則、テニヲハを覚えさせるのだと例言で述べている。歌子の国文学上の知見の高さが窺える。また「小学読本」もつくっている。

明治十八年、華族女学校入学式に際し、あらかじめ生徒の服装心得を達した。「本校ノ生徒タルモノハ袴ヲ着シ靴ヲ穿クベシ」というものである。明治初年に女学生が登場して以来、衆目がその服装に注がれた。はじめは書生をまねた男装であったが、跡見女学校が宮中女官の服をとり入れて女装らしくなった。また英語を学ぶ者が多かったことから和装に袴、靴という姿が女学生の定番になりつつあった。しかし、この服装に嫌悪を感じる識者もまた多かった。明治十四年十月の『東京日日新聞』は「女教師女生徒らの風体に半男半女の姿ありて靴を穿き、袴をつけ、意気揚々と生かじりの同権論などなす者」は生意気千万と言わぬばかりの口吻《こうふん》だし、十六年五月の『朝日新聞』は「女教員及女生徒中往々袴を着け、靴を穿ち異様の装をなす者」は女の屑とののしっている。こうした風潮の中で華族女学校の生徒に袴をはき靴を穿くことを命じたことは、一つの見識であったと言わねばならない。古典和文を軸として新しい日本語をつくると同時に西洋語の会話をすすめた下田歌子の和洋折衷の制服案である。この袴は女官の緋袴《ひばかま》と指貫《さしぬき》（直衣《のうし》・狩衣《かりぎぬ》のときに着用する袴）を折衷して歌子が考案したものである。〝海老茶式部（袴姿の女学生）の開祖は下田歌子〟と後世うたわれた由縁である。

歌子は明治二十六年九月から内親王御用掛として欧州の女子教育視察のため渡欧する。日清戦争終了後の二十八年八月、帰国して再び華族女学校学監に復職した。その後三十二年から実践女学校の開設にとりかかるが、これは稿を改めねばなるまい。本稿のしめくくりとして書いて置きたいことは華族女学校の後身・学習院女学部長・下田歌子辞任のことである。

華族女学校開校式
女生徒の袴の制服

明治三十九年四月から華族女学校は学習院に合併して学習院女学部となった。学監下田歌子は女学部長になった。翌四十年一月、日露戦争旅順攻城軍司令官・陸軍大将乃木希典が学習院長になった。

この年から急に騒がしくなった新聞による下田歌子に対する中傷誹謗の記事が、直情径行の乃木大将の嫌う所となり、十一月、歌子は学習院女学部長を辞任した。明治四十年一月の『平民新聞』は〝妖婦下田歌子〟と題し、伊藤博文をはじめ、政界の人物との情交を書きたて、『報知新聞』は学習院女学部長を校長の位置に高め、権力を握ろうとしたと非難した。才色兼備の歌子が宮中や政府高官と昵懇であったことは確かであり、漁色の噂の高い伊藤博文が歌子に親切であったことは疑いないが、これらはいずれも風聞で確かな証拠はない。長く貴顕と接して出世した歌子に対し多くの嫉視中傷を生んだのであろう。歌子自身は自ら辞任を望み退くべきときに退いたと述べている（「余が辞職の顛末」）。

参考文献

永井荷風『下谷叢話』
石井研堂『明治事物起原』
石川謙『寺子屋』
『跡見女学校五十年史』
『跡見開学百年』
『下田歌子先生伝』
『実践女子学園八十年史』
『女子学習院五十年史』
指原安三『明治政史』
三宅雪嶺『同時代史』第二巻
神辺靖光『明治初期・東京の女学校』

五　東京築地にできたミッション女学校

はじめに

前に述べたように米国長老教会のＡ六番女学校とＢ六番女学校が東京の築地にできた。しかし長老教会の宣教師たちが来日したのはキリスト教解禁の前で、女学校をはじめたのも時の状況に応じての臨時の発起であった。けれども、これから述べる米国メソジスト教会、米国聖公会の宣教師来日はキリスト教解禁後のことであり、宣教師たちはキリスト教の布教とそれに繋がる女学校の設置を自らの使命としてやってきたのである。文明開化は幕を開け、東京はその桧舞台であった。外国人を迎え入れる居留地も築地につくられつつあった。こうしてメソジストと聖公会の宣教師達は築地に居を構え、教会の本拠をここに築き、女学校を開校したのである。

後に青山女学院になるメソジストの海岸女学校と、後に立教女学院になる聖公会の立教女学校の開校に至るいきさつと、誕生当時の鳳雛《ほうすう》の模様を素描しよう。

真言宗のお寺ではじまったキリスト教の女学校

明治七（一八七四）年十月二十八日の夕暮、サンフランシスコから二五日かけて太平洋をわたってきた一人の若い女性が横浜の埠頭に降りたった。米国メソジスト教会から派遣された宣教師・スクーンメーカー D. E. Schoonmaker である。この年のはじめ、インディアナ州のある金持の夫人が日本女性に伝道するために一、〇〇〇ドルをメソジスト・エピスコパル教会婦人外国伝道局に寄付した。伝道局は、この意志を実現するために宣教師を選考し、ニューヨーク州生まれのスクーンメーカーを選んだのである。この年、彼女は二三歳であった。

横浜に上陸した彼女は東京築地居留地にいた同宗派の宣教師ソーパー J. Soper をたずね、そこに落着いた。ソーパーは、同派の目的とスクーンメーカーのために校舎を探してくれないかと津田仙に頼んだ。津田仙はこれまでたびたび出てきた人物である。日本初の女子留学生・津田梅子の父であり、東京の麻布に始めての洋式農場・学農社を開き女紅場を附設した人である。スクーンメーカーは梅子の寄寓先であるチャールズ・ランマンの津田仙宛紹介状を持参していた。津田仙はすでに熱烈なキリスト教信者で、日曜日には築地のソーパーの許で礼拝に出席していた。ソーパーの頼みを津田は快く引き受け、早速、麻布新堀町の津田邸の隣家、岡田邸を借りることができた。かくて来日後、まもない十一月十六日には早くもここにスクーンメーカーは女子小学校を開くことができたのである。

女子小学校の看板をかけたものの、生徒がいなくてははじまらない。そこで津田仙は、自分の妻・初子、長女の琴子、姪の岩村千代と知り合いの新井常子、金沢ろくの五人を生徒にした。しかし五人では足りぬと考えた仙はさらに長男・元親、次男の次郎も入学させた。女子小学校とは言うものの、男女ともどども、いずれも子どもではない。英語の初歩とはじめて聖書を学ぶのだから初歩学校＝小学校でよいのだろう。

ところが、急にこの岡田邸の主《あるじ》・岡田兵蔵が死んだので、この屋敷が売り払われることになった。そこで止むなく、一時、津田邸の一室に学校を移し、次いで近くの古寺を津田が学農社の農具工場にしていたものを取り払って、ここを学校にした。明治八年六月頃のことである。ここで毎日、授業をし、日曜日にはソーパーが説教したのである。当時の風景を前出の岩村千代は後年、次のように語っている。

D.E. スクーンメーカー

椅子は無く机といっても経机《きょうぎ》の様なものを並べて勉学したのです。娘は髪を銀杏返しに結び、男性は筒袖を来て教科書もなく、ノートブックなどという気の利いたものはなく、ペンもインクもない。先生だけが大切そうに鉛筆を削っておいでになるのが目について自分達も使って見たくて仕方がなかったのです。学校が始まって間もなくクリスマスがありました。樅の木の前で唱歌をやり、自分は〝エス我を愛す〟を歌い、スクンメーカー先生や津田の叔父夫婦からよく出来たとおほめの言葉をいただきました。プレゼントにはアメリカの人形をもらい、本当に嬉しく感じました（青山女学院校友会報三八五・昭和九年）。

その年の暮、津田仙の斡旋で、そこから数町離れた三田北寺町にあった真言宗の大聖院を借りることができた。ここに新たに〝Salvation School 救世学校〟の看板をかけた。当時の生徒の回想記によってその様子をみよう。

ここにきてから生徒がふえた。在籍者三五名、うち寄宿生一一名だったという。本堂の片隅にカーテンがかけられ、ベッドが持ち込まれ、そこが校長スクーンメーカーの寝室兼校長室になった。広い廊下が生徒の寝室兼教室になり、寺の一室が食堂になった。朝六時起床、寺の庫裏を借りて朝食づくり、食堂で朝食、その際、スクーンメーカーは大皿、ナイフ、フォークの洋式で、箸・茶碗を使わせなかった。和食であっても西洋流テーブルマナーを強制したのである。朝の礼拝の後、九時から授業、英語と裁縫・割烹はスクーンメーカーが教え、午前の国語・漢文は日本人教師を招いた。また庭に花壇をつくって花卉を培養した。夕方の入浴はわざわざ洋式風呂桶を外注して野天風呂にした。就寝の折は本堂カーテン内のスクーンメーカー校長に挨拶に行かねばならぬが、ドアがないため本堂の障子を軽く叩くことを教えられた。習慣が違う日本の娘にとって、苦しいことであったが、西洋文化の一端に触れた楽しさゆえか、スクーンメーカーの評判はよい。

ここ大聖院の住職は寛大というか、無神経というか、本堂に寝台を持ち込まれようが、庫裏や食堂でナイフ・フォークの音がざわめこうが一向、平気であった。一説にはここの住職はクリスチャンの勢いに押されて本堂の隅に小さくなっていたとも云う。しかし法事の時には、このままというわけにもゆかず、その時は読経がすむまで授業を休んで貰った。このような状態が永く続くはずがない。あの寺は耶蘇《やそ》に乗っとられたという噂が拡がった。真言宗でも黙っては置けず、同宗の教務周旋方・松木浄鑁《ばん》が、これの解決に乗り出した。明治九年二月二十六日の『花の都女新聞』に次の記事がある。

> 三田寺町の大聖院へ先頃ぢう耶蘇宗門の女学校開きしに、同じ真言宗の松木浄鑁と言う和尚さんが大聖院の和尚さんを種々説諭して、とうとう女学校を取払はせる様に為たと言うことを聞きました。

三田の大聖院を追われた救世学校は築地の居留地に移って海岸女学校になる。これが青山に移転して青山女学院になり、男子系の青山学院に吸収され、今日の青山学院大学になった。

築地の海岸女学校

三田の大聖院に居られなくなったスクーンメーカーの救世学校はメソジスト派の宣教師ソーパーの斡旋で、築地の外国人居留地内・明石町一〇番地に土地を購入し、ここに新しい校舎を建てた。隅田川河口で東京湾が望めるので海岸女学校と名づけた。明治十年八月二十六日の『朝野新聞』に次の広告がでている。

報告　本女黌に於て従来、英学正変則並に漢学教授候処、今回更に裁縫並に洋楽《オルガン》等の諸科を加へ諸学則を革正し、以て来る九月三日より開学す。因て謂ふ有志の諸君来学あらんことを。

概　　則

一、入塾生は月俸月謝共に一ヶ月金三円なり。蓋し洋楽望みの者は一円を増納すべし。

一、通学生は月謝一ヶ月金五十銭なり。尤も洋楽兼学の徒は同上、但し入塾通学共束脩金を受けず。

一、女饗たりと雖も十四歳以下の男児は通学を許す。
一、貧窮にして修学望みの女児は其情実に因り、月謝月俸は勿論、衣類等迄を授与す。
一、其他諸規則等は来尋を乞ふ。

十年八月二十二日、東京築地明石町一〇番地
海岸女学校

海岸女学校

三田の救世学校でやった授業を整えて、英学を正則（英語で学ぶ）、変則（翻訳書で学ぶ）に分けて教え、漢学も教え、さらに裁縫や洋楽器オルガンも教えるというのである。授業料は通学生は一ヶ月五〇銭、入寮生は月俸（食費代）を含めて三円という。月謝五〇銭を引くと食費は一ヶ月二円五〇銭となる。当時、東京の平均的下宿代である。月謝五〇銭は、通常の英学塾、英学校より極めて安い。クリスチャン学校だからである。貧困生徒に月謝月俸はもとより衣類まで支給するというのも、後の給費生制度で宗教学校の面目を想わせる。女学校であるが、一四歳以下であ

れば男子も入学させるというのは、女子だけでは学校がなりたたないから少年であれば人数合わせで入学を許すということの時期の風潮である。

開校後間もなく寄宿生二一人、通学生一一人となり、翌年には校舎が手狭になるほど生徒が多くなった。開校直前には伝道局派遣の婦人宣教師ホワイティング O. Whiting が教師に加わり、明治十一年十月にはさらにスペンサー M. A. Spencer、ホルブルック M. J. Holbrook が加わって教師陣が強化された。ここにおいてスクーンメーカーは校長職をホワイティングに譲り、イリノイ州で彼女の帰りを待つ病気の母親を看護するため帰国することになった。明治十二年秋、彼女を慕う生徒達と新橋駅頭で別れ、スクーンメーカーはアメリカに帰った。

その直後の十二年十月、海岸女学校に不幸が襲った。十月二十六日、その日は西北風が激しく屋根瓦を吹き飛ばす程であったが、昼過ぎ、日本橋箔屋町から出火して忽ち京橋、築地に移り鉄砲州まで飛火した。焼けた家六、〇〇〇戸、佃島に繋留した漁船までも焼けただれる猛火であった。築地明石町外国人居留地にあった海岸女学校も、この猛火にあおられて、あっけなく全焼した。仕方なく、海岸女学校は銀座にあったキリスト教系の旧原女学校の空家に移転した。

銀座の仮校舎時代のことについては卒業生・飯久保ふゆの回想記がある（青山女学院校友会報一一五）。それによると木造二階建の仮校舎は階上は教員室と上級生の教室、階下は講堂兼低学年教室で廊下続きに、これも二階建の別棟があって、ここが寄宿舎になった。階上の四室のうち一室が自習室で他の三室が寄宿生の部屋、階下が舎監室と食堂であった。授業は海岸女学校時代と同じであったが、新たに金曜日午前の聖書暗誦と午後の裁縫編物が加わった。これの指導にはミス・スペンサーが当ったが、生徒の忘れ得ぬ想い出として追想されている。はじめてのアメリカ流編物だが何度もやり直しさせるきびしくも丁寧な指導であった。

築地の焼跡ではじまった新校舎建築工事は順調に進み、明治十四年九月には完成して海岸女学校が再開された。新校舎は隣の一三番に建てられ、焼跡の旧校地は運動場になった。総工費一万ドル、二階建西洋館で生徒の収容能力一〇〇内至一五〇人、別に五〇人収容の寄宿舎もつくった。九月十三日の献堂式には松村東京府知事、ビンガム米国公使以下名士が列席した。

この年末、校長ホワイティングは結婚して引退、代ってホルブルックが校長になった。明治十七年には新任のアトキンソン校長以下、有能な女教師が次々に派遣され、十九年には志願者を打ち切らねばならぬほどに活況を呈した。二十年の『女学雑誌』は「女学教場の取拡げ」と題して「築地一三番館女学校は生徒日々に増加し、是迄の教場にては手狭なれば、今度一四番館も借入れ、運動・縫物・調理の三教場を取設くる筈なりとぞ」と記している。二十一年には青山の地に校舎をたてて東京英和女学校と称し、やがて青山女学院になる。

それにしても築地の焼跡に新校舎をたてるためにポンと一万ドルを出したり、有能な女校長、女教師を次々に派遣してくるメソジスト・エピスコパル教会婦人外国伝道局とは何者か、次に述べよう。

米国メソジスト婦人外国伝道局

スクーンメーカーを日本に派遣し、海岸女学校を全面的に支援したのは米国のメソジスト監督教会婦人外国伝道局 The Woman's Foreign Missionary Society of the Methodist Episcopal Church（略称W・F・M・S）である。

一八六九（明治二）年、マサチューセッツ州のボストンにあるメソジスト宣教師館で三人の夫人が近代化の遅れた東洋の女性のために伝道基金を設けようと発議したのがことの発端である。三人の夫人とはメソジスト監督教会の婦人慈善協会会長のフランダース夫人、インドから帰国したばかりのパーカー夫人、異教徒の間で長く暮らした経験を持つバトラー夫人である。インドや東南アジアのカースト制や封建的家族制度の下で虐げられた女性を見てきたので、これを救うことに正義の情熱を燃やしたのである。南北戦争が終結したばかりのこの頃のアメリカ有産階級の夫人たちは、あわれな未開国の女性を救わねばならぬ、それにはわれわれが信ずるキリスト教を通してわがアメリカの文明をかの地にもたらさなくてはならぬとする高揚した気持ちがあった。よって三夫人の提案に讃同する者が多く、ここに同教会の婦人外国伝道局が発足した。この趣旨に讃同した会員は年一ドルを払い込まねばならぬ。終身会員は年二〇ドル、一〇〇ドル納めれば終身名誉会員に、三〇〇ドル納めれば終身名誉賛助会員の資格を得られる。前に述べたようにスクーンメーカーが来日したのは同局に一、〇〇〇ドルを寄付した夫人があったからである。同局の会員は短期間に増加し、はじめ東部ばかりであった支部も次第に西部から太平洋沿岸に及んだ。布教の目標は、はじめインド、中国であったが、日本の情報も多く入りはじめた頃で、日本も主要目標国になった。海岸女学校が焼失した一八七九年から翌年にかけて、同校のために七、一六一ドル、新校舎が落成してアトキンソン校長以下新任教員が来るようになった八四年、七、八四五ドル、以後年々増額されて、同校が活況を呈した八七年には一万七、四四五ドルが支給された。これとは別に日本の伝道費として八四年、二万一、一七八ドル、以後、年々増額されて、八九年には五万八九五ドルが送金された。一人の宣教師の年俸は約六〇〇ドルであるから伝道局が送ってくる金額はそればかりに使われるのではなかった。

W・F・M・Sの活動方針は大別して二つあった。一つはバイブルウーマン即ち女子宣教師の養成であり、一つは女学校の経営である。W・F・M・Sのバイブルウーマンの養成研修はメソジスト・エピスコパルの名の通り厳格厳正で組織的かつ監督の行きとどいたものであった。後には横浜と長崎に伝道師養成学校が設けられるが、この頃は、日曜学校やバイブルクラスで、集まってくる子どもや男女青年にバイブルを教え、洗礼を受けるように導き、伝道師の助手がつとまるようにする。その外に日程を決めて伝道旅行にでかけた。例えば前出のスペンサーは八五年に北関東、八六年に名古屋をふり出しに三河と南信濃を日本人助手のバイブルウーマンと巡っているが、村から村へ、家から家へ尋ね廻るきびしい旅であった。これまで邪蘇《やそ》教とみられていた耶蘇教を布教するのだから門前払いをくわされたこともあっただろう。それに耐えての伝道旅行であるが、この時、スペンサーはマジックランタン（幻燈機）と小型オルガン（アコーディオンか？）を持ち歩いた。幻燈機で都会や外国の風景を写すと面白がって人々が集まり、小型オルガンで讃美歌やアメリカの唄を歌った。こうして伝道の旅は少しずつ成果をあげていったのである。この頃のアメリカ人の伝道には開化の遅れた東洋人にアメリカの進んだ文明を教えてやるという高慢な側面があったが、その国の文化を重んじ習慣を覚えようとする側面もあった。とりわけ開拓を経験したアメリカ女性の宣教師にはこうした面での強い意思があった。スクーンメーカーもいち早く日本語を覚えたというし、後続の婦人宣教師たちも片言《かたこと》ながら日本語を喋った。彼女たちが伝道旅行をする際には、ある研究が課された。それはその地方の伝統的習慣を学ぶことで、これが将来の伝道によい結果をもたらすと考えられたからである。アメリカ伝道局の女性はこうして鍛えられ、伝道に邁進する。日本娘の伝道助手も次第にふえ、折からのリヴァイヴル運動（後に述べる）と相まって一八八〇年代、キリスト教プロテスタントは空前の活況を呈したのである。

W・F・M・Sの第二の使命は女学校をたてることであった。スクーンメーカーの救世学校を皮切りにW・F・M・Sがつくった学校で今に残るのは青山学院のほかに一八七九年創立の長崎活水女学校（現活水女子大学）、一八八一年創立の函館・遺愛女学校（現遺愛女子中学・高等学校）であるが、当時は、このほかに弘前女学校、清流女学校（名古屋）があって、日本列島の北から西南にかけての要地に同派の女学校が点在したのであった。各学校にスカラシップ（奨学金）があって奨学生の中から邦人伝道師が生まれるようになっていた。

聖公会の立教女学校誕生

米国聖公会 Protestant Episcopal Curch in the U.S.A の立教女学校が誕生したのは明治十年六月である。六月二十五日付で湯島四丁目の近藤勝敏邸に女学校を開業したいという願書が東京府に提出されている（東京府開学願書）。『日本聖公会百年史』が、明治十年九月、神田明神下の阿部伯爵邸内の一戸を借りうけて立教女学院がはじまったとしたのは何かのまちがいであろう。このあたりはもと丸山と称し、丸山福山町、駒込西片町に続くので、そこにあった備後福山藩主・阿部正恒邸と誤認したものと思われる。このあたりから湯島にかけて武士の屋敷が多かったが、明治五年八月にこれら士地《さむらいち》を合わせて丸山新町としたので、このあたり一帯が阿部家の土地と勘違いしたのかも知れない（明治四十年刊・東京市役所編『東京案内』）。

当代正恒の父・正弘は幕末、幕府首座老中を勤めた傑物で、本領の備後福山と江戸藩邸に誠之館という和洋折衷の藩校をたてた。前者は広島県立福山誠之館高校として、後者は文京区立誠之小

若山儀一

学校として、その伝統を今に伝えている。また、この阿部家中屋敷の近くには江戸期の最高学府・昌平黌があったし、明治になったこの頃に最高学府・東京大学が隣接の加賀屋敷にできた。周辺に高等師範学校はじめ、幾多の名だたる学校が叢生して、この地は文京区の名にふさわしい。この文教の地の、近代学校創設者たる福山阿部侯の屋敷で聖公会最初の女学校が誕生したというのは話としては面白いが、できすぎている。立教女学校がはじまった所は湯島四丁目の近藤勝敏の住宅であった。現在、私学共済組合の湯島会館があるあたりである。

開学願書によると立教女学校の校主は若山儀一となっている。若山は江戸在住の医者の子どもで、大阪の緒方洪庵の塾で医学を勉強して帰ったところ、洋学と英語の実力が認められて新政府の大蔵省に勤め、『官板経済原論』『泰西農学』などを訳出した。明治四年には岩倉使節団に随行してアメリカの税制を調査し、七年三月に帰国した。帰国後は大蔵省の雑税法革制課長を勤めたが、なに故か、十年、大蔵省を追われ、浪人生活に入った。若山が、立教女学校の校主になったのは、この直後である。立教女学校の創設者は、このあと述べるように米国監督教会のウィリアムスであるが、当時、外国人は居留地以外で学校を興すことはできなかったから、名義を若山儀一に頼んだのであろう。英語に堪能な若山は外国人や邦人英学者との付き合いが多く静岡県士族の島田弟丸が、英学塾を開いた時も四谷箪笥町の自宅を貸している。その時も大蔵省をやめた浪人中のことであった。明治十四年に若山は農商務省権大書記官に復帰し、二十四年、没す。西洋経済思想を日本に紹介した先覚者である。明治十年十一月二日の『朝野新聞』に次の広告がでた。

先般開設候立教女学校、今回学費を減じ、月謝一円と定め、英正則同変則和学漢学算術裁縫等を授け、幸いに来十一月に至れば尚ほ一人の外国女教師を雇わんと欲せば、有志の諸嬢陸続来学あれ。且詳細を知らんと欲せば本校に来訪すべし。

十月　東京湯島四丁目八番地　立教女学校幹事

この広告文は誰が書いたのだろう。女学校創立者たるウィリアムスが書ける筈がない。恐らく若山儀一か、名義上の女学校幹事になっている家主の近藤勝敏が書いたのであろう。近藤は静岡県士族だから、もと幕臣であった。英正則、同変則、和学、漢学、算術、裁縫と学科を雑然と並べているが、開学願書でみると

F. R. ピットマン

学科　英学
正則　会話 書取 文典 歴史 作文 裁縫 音楽
変則　綴字 地理書 文典 歴史

とあり、これを初級二級と分けているが、カリキュラムとしての体をなしていない未熟なものである。「一人の外国女教師を雇わんと欲せば」とあるから、教師はまだいなかった。

明治十年の暮、聖公会派遣のピットマン Florence R. Pitman 校長が着任した。その翌年の十一年、立教女学校は神田川を渡った聖橋《ひじりばし》のたもと、神田駿河台東紅梅町（現千代田区神田淡路町）に移った。ここに聖公会の司祭ブランシェー C. Blanchet 夫妻が住んでいたので、ピットマンも同居し、生徒ともども学校も移ったのである。さらに翌十二年十二月には隅田川に近い京橋南小田原町（現中央区築地七丁目）に移った。これは生徒が二一名に増えたからである（明治十年頃は生徒六名）。そして生徒が三五名になった明治十五年、築地の外国人居留地に移って本格的女学校建設期に入るのである。次に米国プロテスタント監督教会（聖公会）の日本伝道決議から日本における学校開設の動きを述べる。

聖公会の日本伝道と教育活動

アメリカ人の日本伝道熱はペリー来航以前から徐々に高まっていたが、安政の条約調印とともに活発に動き出した。一八八五（安政五）年、中国在住のアメリカ聖公会主教は日本伝道の急務であることを本部に訴えた。これに応じて、ニューヨークの聖マルコ教会は伝道資金二〇〇ドルを集め、アメリカ聖公会内外伝道協会 Domestic and Foreign Missinaly Society of the Protestant Episcopal Church in the U.S.A は日本伝道を決議し、同会の在中国宣教師ウィリアムス C. M. Williams を日本に派遣した。彼はしばらく長崎で日本語の研究に没頭してから、明治二年、大阪に向かい、川口居留地に英学講習所を開いた。

ウィリアムス主教

明治六年二月のキリスト教解禁とともにウィリアムスは東京に移り、七年二月、司祭ブランシェ C. Blanchet と私塾的学校を築地の居留地にはじめた。これが立教大学の起源である。当時の校名は Day School、通称〝ウィリアムスの学校〟であった。明治十年頃から〝立教学院〟とも言ったが、これは清の儒者・高愈の「立教法以治人」〝教法を立て以て人を

ガーディナー校長

治む〟からとったものと言われている。
　立教学院は十二年十月の大火災で休校になったが同年、築地一丁目の英語学校の校舎を借り受け授業を再開した。この頃、在日宣教師の間で日本にアメリカ風のカレッジをつくろうという議がおこった。ミッション本部はこれに応え、本格的な学校を経営しようと決意、校舎建築費を送るとともにハーバード大学建築科を卒業したガーディナー L. M. Gardiner を校長として派遣した。ガーディナーは着任と同時に校舎の建築を開始し、明治十五年末に竣工した。彼はまたアメリカのカレッジ風にカリキュラムを整え、大部分の授業はアメリカ宣教師が教えたが、ギリシャ語、ラテン語はおこなわず、日本人教師による漢文をこれに代えた。また将来、聖公会の伝道師となることを約束した学生は奨学生として学資が支給された。こうして立教学院は宣教活動と一体になって近代学校の道を大きく歩みはじめるのである。
　一方、明治二年、ウィリアムスが大阪の川口居留地ではじめた英学講義所は彼が東京に移ってからは一時、モリスが受け継いだが、明治五年にクインビー J. H. Quinby、ミラー G. B.D.Miller の夫妻が加わり、さらにエディE. G.Eddyが加わった。はじめ生徒は男子だけであったが、やがて女子も入ってきたので女生徒をエディが教えることになった。人々はこれを〝エディの女学校〟と呼んだが、明治八年、照暗女学校と名乗った。英学講義所は男子のみの英和学舎（聖テモテ学校とも言う）になった。

築地の立教大学校

明治二十年、大阪の英和学舎が立教学院に合併した。たまたまイギリス聖公会のCMS伝道局が、大阪に学校を開くので校舎をこれにゆずり、約一〇名の学生を引きつれて東京築地の立教学院に合併したのである。大阪の学校は後に桃山学院になった。

同じことが女学校にもおこった。明治二十五年聖公会の司祭・多川幾造が京都に平安女学校をたてた。そこで同じ聖公会の大阪にある照暗女学校を閉鎖することにし、生徒全員を東京の立教女学校に移した（『平安女学院八十五年史』）。

このようなことは、これまでの日本の私塾ではありえないことであった。私塾は一代限りか、または一家相伝であるから、つぶれればそれまでで、生徒は他に師を求めて立ち去る

三一会館とチャイム塔　三一神学校

だけである。全生徒を一斉に大阪から東京に移すことなどあり得ない。しかるにミッション・スクールは設置母胎が教団で、そこには精神的な結合、同志的なつながりがある。ゆえに学校間の合併や生徒の移動が可能なのである。日本の識者は近代化の黎明期に当って学校設置の新しい方法を学んだのである。後に述べる仏教諸派の学校設置方式である。

さて、東京のピットマンの立教女学校はどうなったろう。明治十五年五月、ピットマンは立教学院の校長ガーディナーと結婚した。新居を築地居留地二六番地に構え、女学校もこの家にうつした。手狭であることは言うまでもない。ここにおいて女学校も新校舎を建てることになり、ガーディナーの設計により旧校地と地続きの二六番地に三階建木造の新校舎が十七年三月に完成したのである。

この地は福澤諭吉が洋学を教えはじめた慶應義塾発祥の地であり、立教学院最初の大校舎がたった地である。さらに言うならば、女子学院になるプレシビテリアン系のＡ六番、Ｂ六番の女学校、メソジストの海岸女学校（青山女学院）もすでに建っていた。この地に今もそれぞれの学校の発祥記念碑がたっているが、ミッション女学校発祥の地と言っても差し支えないであろう。

日本にきた聖公会は立教学院と立教女学校をたてた米国プロテスタント監督教会のほかにイギリス聖公会のＣＭＳ伝道局と英国福音伝道教会（通称Ｓ・Ｐ・Ｇ）があった。三者は互いに助けあっていたが、日本の布教活動では一体になったほうが便利有益であると考え、明治二十年二月、大阪の三一神学校で三派の総会を開き、日本聖公会を成立させた。早速同会の本拠をつくるべく、その設計を立教学院校長ガーディナーに依頼した。かくして東京三一教会が二十二年の暮に立教大学校、立教女学校に並んで建てられた。大聖堂を中心に三一会館、三一神学校とチャイム塔を擁するゴシック様式の日本聖公会へ、その大本山が東京の築地にできたのである。

立教女学校・雛から成鳥への過程

立教大学も立教女学院も上質の学校沿革史資料集をつくっている。『立教女学院九十年史資料集』には米国聖公会伝道局の月刊機関紙 *The Spirit of Missions* と同窓会会報『花橘』（大正元年初刊）からの抜粋記事があって当時の様子がありありと写されている。これらによって草創期の教育をみよう。

立教女学校が開業願を東京府に提出したのは明治十年六月で、生徒募集の広告を『朝野新聞』

ブランシェー夫人

に出したのが同年十一月二日である。だが翌十一年には神田東紅梅町（現淡路町）のブランシェーの家に移り（月日不詳）、さらに十二年十二月には築地に移っている。しかし明治十年に早くも六名の生徒が集まった。中には日本人信者の妻らしき者もいるが、多くは貧困士族の娘であった。明治九年の秩禄処分で東京には貧困士族が溢れたからであろう。入学した少女たちの貧しさはよほどひどかったらしく、ブランシェー司祭は彼女たちの衣類、寝具を整えることに悩まねばならなかった。炊事、洗濯、裁縫をまず教えねばならぬと述べている。女学校には早速、米国各地の女性から個人で、また教会で別に四〇ドル、五〇ドルの奨学金が届きピットマンはその礼状を書くのに暇《いとま》なかった。神田のブランシェー夫妻の家で授業をした頃の教員は校長のピットマンとブランシェー夫人であった。ピットマンは来日以来、熱心に日本語を習って、生徒に英語を教えた。築地の立教学院から通訳の貫《つらぬき》元介が来ていたから貫から日本語を学んだのであろう。ブランシェー夫人は礼拝の時に歌う讃美歌やオルガンの演奏を教えた。授業は専ら聖書を教えることであった。

築地に移ってから早々の十三年一月に、それまで深川の東川小学校に務めていた小宮珠子が舎監兼教員になってやや学校らしくなった。小宮は裁縫と『日本外史』や『国史略』などの日本歴史を教えた。当時、生徒は二〇名を超えたが、狐も出没する草茫々の築地の教室は一二畳ほどの和室で、そこで授業をした。ある時、生徒が跳び廻ったら床板が踏み抜かれたという古い建物であった。この古屋の一室が寄宿舎で、そこに寄宿生がつめ込まれた。ピットマンがガーディナーと結婚してからは近くのガーディナー夫妻の住宅が教室の一部に使われた。英語と裁縫の教師としてこの年新しく赴任したミス・リデックS. L. Riddickは非衛生的で〝みじめな小屋のような〟教室に失望したと伝道本部に訴えている。しかし明治十六年には生徒三五名になった。このうち自費の生徒はわずか二名、あとはすべて給費生である。この間、アメリカからは絶えずスカラシップが届けられ、教員は生徒の貧困状態により全額給費、一部給費により分けるのに暇《いとま》なかった。全員に支給されたのは食費と英語テキストで、他に日本語教科書、衣類、寝具、履

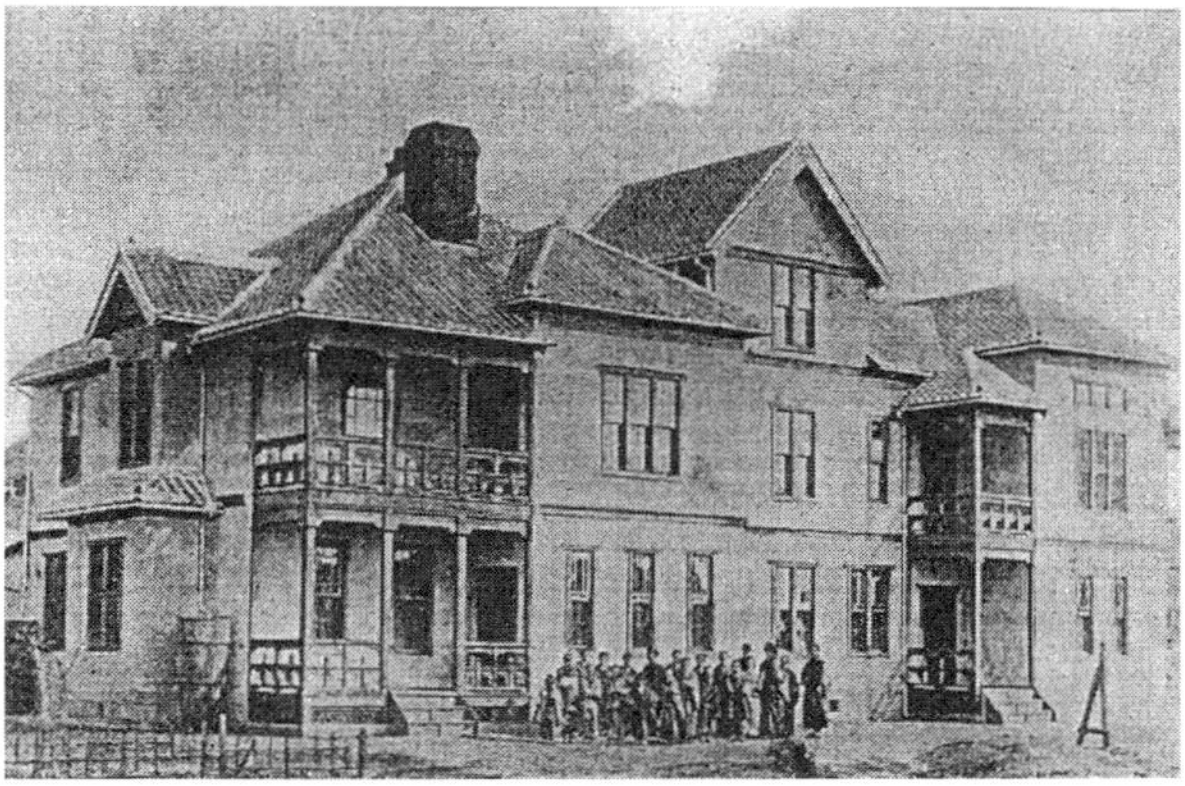

築地の新築立教女学校

S. L. リディック

物類まであったというから、いかに貧困家庭の生徒が多かったかがわかる。

もはやこの荒れ果てた校舎にいるべきでないとピットマン校長は考えたのであろう。伝道本部の了解をとりつけ、隣地に新校舎を建てることにした。設計者は立教学院を建てた夫のガーディナーで、十七年三月、三階建ての新校舎が竣工した。階上の一〇畳一二畳の五室は寄宿にあて、階下はすべて教室にした。古校舎の荒廃を嘆き悲しんだリディックは〝美しい、すばらしい成功〟と本部に最大の讃辞を送っている。

新校舎の完成を機に「立教女学校学則」をつくった。「本校女子ノ教育ハ基督教ノ道徳ヲ基トシテ女子ノ品行ヲ矯正シ、ソノ本分行状ヲ訓誨シ、女子相当ノ知識ヲ得セシメ以テ女子タルニ愧ヂザラシムルヲ目的トス」を信条とし、修業年限六ヶ年の英学科と和漢学科を置いた。英学科はすべて英書で学び、低学年はリーディング、スペリング、会話で、上級は西洋地理、歴史、数学等を学ぶ。和漢学科はすべて和漢書で日本の歴史、文学等である。また英学科は聖書、音楽があるが、和漢学科はそれがなく女礼式をやる。西洋式、日本式を極端に峻別したカリキュラムで、和洋折衷がはじまったこの時期のものとしては珍しい。明治二十年に予科三年、本科三年、高等科二年に改った時に和洋二式のこのカリキュラムはなくなった。

新校舎ができ、校則教則が整えられた十七年、リディックが校長になった。英学科はリディックが主に教えたが、ミス・バーベック、ミス・ウィリアムソンの名があがっている。和漢学科の教師には鈴木の名があるが、詳細はわからない。この外、前掲の舎監兼任の小宮珠子が裁縫と日本史を教えていた。

この間、生徒は増えて二十年には五七名になった。学則に示す授業料は月一円、寄宿舎費二五銭、食費二円五〇銭である。いずれも東京の私立洋学校の平均的な価格である。それに対し、入学してくる生徒は相変らず貧生であった。生徒の多くはアメリカから送られてくるスカラシップに頼る給費生で占められていた。

小宮珠子

これ以後、立教女学校は次第に向上し、カリキュラムも整い、教員も次第に日本人に替わってゆく。明治三十二年には私立学校令にもとづく私立女学校になった。しかしこの間の事情は稿を改めて述べねばならない。

最後に述べておきたいのは小宮珠子の功績である。明治十三年に立教女学校に舎監兼教員として就任以来三〇有余年、寄宿舎に生徒とともに寝起きして、生徒を躾け愛し続けた。当時、米国の女性教員の月給は二〇円であったが小宮の月給は三円であった。そのうち二円五〇銭は食費で差し引かれるから手取りは五〇銭である。彼女はその五〇銭で貧民などへの伝道活動をした。同窓会誌で誰からも慕われているが「五〇年の回顧」特集にある「同校出身者の氏を見ること母の如し」とはけだし至言である。

参考文献

『青山女学院史』
神辺靖光『明治初期・東京の女学校』
基督教学校教育同盟『日本におけるキリスト教学校教育の現状』
日本教育科学研究所『近代日本の私学』
『日本聖公会百年史』
『立教女学院九十年史資料集』
『立教学院設立沿革誌』

六　神戸英和女学校、同志社女学校と函館遺愛、長崎活水の女学校

はじめに

関西の貿易港神戸はアメリカンボードミッションの最初の布教地になった。ボードミッションの宣教師デヴィスは、旧三田藩主で神戸の不動産業者兼貿易商の九鬼隆義と結んで神戸英和女学校をたてた。デヴィスはかつてアメリカに密航中の新島襄と親密であったので新島のキリスト教主義学校設立に協力した。京都には外国人の居留地はなく、仏教が盛んなところであるからキリスト教学校の開校は困難であったが、新島は文部省、京都府の幹部と交渉を続け、同志社の開校に漕ぎつけた。同志社には女学校が附設されたが、これを推進したのはデヴィスである。

メソジスト教会が東京築地に海岸女学校をたてたことは前に述べたが、メソジストは教区を日本の東北と西南に伸ばし東北の函館港、西南の長崎港を本拠とした。函館には同教会の遺愛女学校が、長崎には活水女学校がたてられた。これらミッション女学校開校の経緯と初期女学校の様相を略述しよう。

J. D. デヴィス

アメリカンボードのタルカット神戸ホームをたてる

のちに日本組合基督教会になるアメリカンボードミッションAmerican Board of Commissioners for Foreign Missionsは明治二年、グリーンD. C. Greeneを日本に派遣した。彼は宣教師がいなかった神戸に向かい、明治七年、アメリカンボードの摂津第一基督公会を開いて、そこの牧師になった。彼は神戸を中心に京阪神の伝道を目標としてミッション本部に宣教師の派遣を要請した。来日した宣教師の中にデヴィスJ. D. Davisがいた。

デヴィスは陸軍大佐として南北戦争に従軍したが、戦争が終るや剣を棄ててバイブルをとり、ワイオミング州のシャイエン教会の牧師になった。彼は日本人が福音の恩恵に漏れていると聞き、毎夕、太平洋に向かって日本人への布教を誓った。一八六七年秋、彼はボストン郊外で開かれたアメリカンボードの年会で情熱的な一人の日本人に会った。新島襄である。ここで二人は日本人へのキリスト教布教に奮闘することを誓ったのである。

明治四年十二月、デヴィスは神戸に住み、翌五年八月、神戸に英語学校を開いたところ忽ちのうちに一〇〇人の生徒が集まった。この生徒のうちに後年、大阪に梅花女学校をたてる澤山保羅《ぽうろ》がいた。

明治六年三月、アメリカンボード派遣のタルカット E. Talcott とダッドレー J. Dudley が神戸に上陸し、デヴィスの家に同居した。タルカットは北米ニューイングランドの生れで当年三七歳、ダッドレーはシカゴの生れで当年三三歳、ともに教師の経験があるが、二人は未知の間柄であり、サンフランシスコで乗船の時、はじめて知り合い、互いに励まし合った。タルカットはアメリカンボード所属の東部婦人伝道会の資金で、ダッドレーは同じく中部婦人伝道会の資金で派遣されたのである。二人は早速、神戸郊外の花隅村にあった前田兵蔵の家を借りて英語と唱歌の学校を開いた。ところが生徒が忽ち溢れ、どこかに移らねばならなくなった。一方、デヴィスは伝道活動の途上、すでにキリスト教信者になっていた旧三田藩主・九鬼隆義《くきたかよし》（のち華族令によって子爵）と出会った。この出会いが神戸女学院を生み出すのである。九鬼隆義についで述べよう。

E. タルカット

九鬼隆義

九鬼家は志摩国鳥羽を占有した戦国大名である。伊勢水軍を率いて瀬戸内海の伊予水軍と競う海族＝海賊衆であった。彼らは時に略奪行為もするが、よく天下の形勢をみて、海外事情にも明るい。関ヶ原の合戦では当主の親子が東西両軍に分かれて戦い、東軍についた子どもの守隆が安堵されて家督を継いだ。しかし天下泰平を願う徳川幕府の策略で、この海族大名は摂津の山麓、三万石余の三田《さんだ》に移封された。最後の当主・九鬼隆義は幕末期には〝書生の如し〟と言われて、つましく暮らしていたが同藩出身の蕃書調所教授・川本幸民を通じて福澤諭吉と親密になり、洋学に傾倒していた。鳥羽伏見の戦いでは、家老・白洲退蔵の進言で旧幕軍の加勢をやめて三田に帰った。明治二年にはいち早く版籍奉還して三田藩知事となり、大参事になった白洲退蔵の意見で廃刀論や帰田論を主張して藩士を帰農させた。廃藩置県後、三田から神戸に移り住み、不動産業に転じて巨利を得ると同時に、進んで自ら断髪洋装となって洋式生活を周囲にすすめた。やがて福澤のすすめで輸入貿易業にも乗り出すが、九鬼の話はここで止めよう。

花隈村の前田家で開いた英語と唱歌の学校はすぐに満杯になったので、タルカットはデヴィスに学校の移転先を相談した。デヴィスは九鬼に伺い、その斡旋で、神戸北長狭通り（現阪急三の宮駅西側一帯）の白洲退蔵宅地に決まった。白洲は九鬼家の家老であった。三田藩が三田県になってからは県大参事、常に九鬼隆義とともにあったから、隆義が不動産業で神戸周辺を買いまくった時、ともにこの土地を買ったのであろう。因みに第二次大戦後、被占領下の日本を独立に向かわせるべく占領軍司令部と交渉した内閣総理大臣・吉田茂の秘書として直接実務に当った白洲次郎は、この白洲退蔵の孫である。

明治七年四月、タルカットとダッドレーの教室は北長狭通りの白洲退蔵宅地の家屋に移った。五月、ダッドレーはデヴィスとともに伝道のため、三田に出かけた。三田では九鬼夫人のもてなしを受け、夫人の懇願で三田の少女たちの教育を神戸ですることになった。ここにおいて、彼女らの学校は寄宿舎づきの設備の整った学校でなければならなくなった。

J. ダッドレー

タルカットは新しい土地に学校建設の意を固め、アメリカンボードの本部に願いでた。本部はその趣旨には讃成するものの、資金調達に難色を示した。しかしタルカットはあきらめず、神戸伝道区の宣教師グリーンとともに各地の団体に呼びかけ、米国中部婦人伝道会から四、七〇〇ドル、東部太平洋婦人伝道会から五〇〇ドル、九鬼隆義はじめ日本人有志から八〇〇ドル相当の日本円、計六、〇〇〇ドルを集めた。この資金によって明治八年三月、神戸山本通諏訪山のふもとに二、〇〇〇余坪の敷地を購入した。直ちに建築に着手、一〇月には木造二階建一五〇坪の西洋館一棟が完成し、「神戸ホーム」と命名した。敷地建物合わせて六、八〇〇円、当時一ドル一円強であったから寄附金全額でまかなえたのである。

神戸英和女学校となる

神戸ホームができた翌年の九年八月、組合教会の会報『七一雑報』に次の広告がでた。

神戸山本通の女学校、避暑休業致しましたが、来る九月十一日より開校《はじめ》ます。国史漢籍《にほんししなのほん》を教るために学務に習慣《なれ》たる日本教師を得たり。午前は国史漢籍。午後は英語《いぎりすことば》西洋の諸科《いろいろ》の学《がくもん》は生徒の力に応《したがっ》て授くべし。

毎日聖書を教《おしえ》、生徒の品行《おこない》を固守《かたくまも》らすべし。入塾生徒は伝輔《せわにん》に導かれざれば妄りに学校の地面を出《いずる》を許さず。

入塾志願《がっこうにはいりたき》の人は等級《くみ》を定《こしらえ》る開校《はじめ》の期《きめ》に来らんを要す。但し此時に後れたるとも閉《とめ》るに非ず

タルカット
ダッドレー

これまでの授業は、朝、歌と祈祷ではじまり、一時間ほど英語のリーディングと会話を教え、それから聖書の話を聞かせるぐらいのものだった。それを午前・和漢学、午後・英学という和洋両学の私塾のようにするという。生徒の学力によって組別けするというからやや学校に近づいた。学費は

入塾生徒の月謝月俸　金弐円
通学《かよい》生徒の月謝　金七拾五銭
書籍《ほん》及蒲団《ふとん》等は生徒自ら辨《わきま》ふべし

とある。

神戸ホームと名づけたのは、もともと師弟ともに寝起きして躾を重視する西洋の寄宿者学校を目指したのであろうが、通学生も容れて通学学校の機能も果そうとしたのである。

しかるにこの年、九年十一月、神戸ホームに着任したクラークソン V. Clarkson はこの教育方針

V. クラークソン

に不満であった。彼女がめざしたのは普通教育の女学校であった。小学校四ヶ年の卒業を入学資格とする五年制の中等学校で、英文法、英作文、歴史、地理、代数、幾何、博物、自然哲学を英語で教え、日本語で漢文、図画、裁縫、音楽、体操も教えるという。授業は八時から三〇分祈祷、九時から一一時三〇分までと午後一時三〇分から四時までで、その後、一時間運動というものである。寄宿舎でも黙読 Silent study という自習があり、夕食後は祈祷会があった。

クラークソンのこの主張は明治十三年九月の新学年から実施され、校名を神戸英和女学校と改めた。その直前の八月、タルカットとダッドレーは辞職した。二人の使命は伝道にあった。学校経営者としてのクラークソンに反発したのであろう。両人とも学校を去って伝道に従事した。特にタルカットの活躍はめざましく、岡山、広島、神戸を巡り、孤児院や病院で献身的に奉仕したので信者がふえた。明治四十四年、タルカットは七五歳の生涯を神戸で閉じた。

タルカットが去ったあと校長になったクラークソンは神戸英和女学校をさらに充実させようと理科の実験設備を米国伝道会に要請したが伝道会はその必要なしと断った。それが原因で彼女は帰国することになり、替わってブラウン E. M. Brown 校長が来日した。

神戸の街は、新課程を実施して英和女学校と改称した明治十三年頃から急速に変わりはじめていた。幕末の開港後、戊辰戦争の一基地になるやら行政権が不安定やらで、横浜港のように貿易港の機能が果せなかったが、この頃から関西各地の紡績業が活動しはじめ、そのための紡績機械の輸入と無禄の下級士族や細民の手でつくりはじめたマッチの輸出で、港はやや活気をみせるようになった。明治七年開業の大阪神戸間の鉄道開通はさらなる東京神戸間の東海道線貫通と山陽線へ向けて希望を持たせた。こうした活気を受けて神戸の街は変わりはじめたのである。

E. M. ブラウン

神戸は前時代、幕府直轄領であったが、戊辰戦争がはじまると幕府領、ご三家領ひっくるめて三田藩九鬼家が預ることになった。九鬼隆義はその立場を利用して、行政地域の定まらないこの土地を買い占めたり、転売してもうけるのであるが、一方で区画や道路の整備に力を貸した。かくして神戸の街は海岸線に沿って幾条もの道路が整然と並び、低地に官庁商業工業が、高地にゆくほど高級な住宅地がおさまるという市街ができてゆくのである。最上段の一画には今に残る異人館の一群

神戸英和女学校 1880 年代の校舎

があり、その山本通の西南方、諏訪山のほとりに神戸英和女学校がたったのである。

クラークソンからブラウン校長に替わってからも英和女学校の生徒はふえ続けた。十七年夏には二階建一棟を増築して三教室、五寄宿室を増やしたが、寄宿希望者が多いので二十年、隣地の白洲退蔵の家を二、七〇〇円で買収した。この年、生徒は一五一名になり、そのうち一〇六名が入舎希望者だった。そこで従来の棟を寄宿舎に改造して新たに講堂兼用の二階建教室棟を増築し、さらに木造三階建の一棟を建てて上部寄宿舎、一階を食堂とした。これらの資金二、五〇〇余円はアメリカ組合教会と九鬼隆義が中心になって半々ずつ募金したものである。これらが完成したのは明治二十一年である。これを見越して前年、学校は予備科二年、本科四年、高等科二年の新体制になり、後年の女子高等専門学校への道を走り出す。明治二十七年、神戸女学院と改称、現在は西宮市に移って中学部・高等学部・大学・大学院になっている。

同志社の発端

神戸英和女学校の開校を陰から実質的に押し進めたのはアメリカンボードミッション（組合教会）の宣教師デヴィスであったが、京都の同志社女学校を開校に進めたのもデヴィスであった。デヴィスがボストンのアメリカンボード年会で新島襄と会ったことは前に述べたが、同志社女学校開校の経緯を述べるには新島襄の同志社英学校発足の経緯をまず記さねばならない。同志社英学校の開校については旧著（『明治前期中学校形成史』府県別編Ⅱ　洛中京都の中学校）で述べたことがあるので要約しよう。

新島襄

幕末、アメリカに密航した新島襄はアーマスト大学、アンドヴァー神学校を卒業し、明治七年十一月に帰国した。キリスト教主義の大学をつくることを宿願とした新島は大阪の地にこれを求めたが、府知事・渡辺昇の反対に遇い他の地を探した。そこで神戸に基督教伝道学校を開いていた旧知のデヴィスに相談し、二人は意気投合して一緒に英学校をつくることにした。八年一月、新島は米国で知り合った木戸孝允と大阪で会い、学校をたてる地を京

相国寺近くの同志社最初の校舎

都に定めた。新島は木戸から京都府権知事・槙村正直宛の、また勝海舟から京都府顧問・山本覚馬宛の紹介状を貰い、京都に入って英学校設立の運動をはじめた。槙村権知事、山本京都府顧問のことについては京都府女紅場のところで述べた。彼はまた文部省に田中不二麻呂を尋ね学校設置について懇願した。当時、田中は卿不在の文部大輔で文部省の全権を握っていた。明治四年、岩倉大使一行が欧米を巡察した時、田中は学制調査の随員であり、在米国の新島が通訳であった昵懇《じっこん》による。田中はいろいろな条件つきで新島の学校開設を許可した。開明的な田中としては米国流の学校を開くことはもとより賛成であるが、いまだキリスト教に反対感情の強い世論を気にしてのことであった。当時は外国人が居留地外で学校をつくることは許されなかったから新島がデヴィスを雇ったことにして開校しようとした。ところが今度はデヴィスが宣教師であることが引っかかった。「西教伝教師ヲ学校教師トシテ雇入ヘカラス」（明治六年・文部省達八七号）の定めがあったのである。新島は彼独特の熱弁でデヴィスの雇用を京都府と文部省に迫った。〃英学校には外国人教師が必要である。外国人教師の給料は非常に高い。私は貧乏で給料が払えない。けれどもデヴィスは低い給料でも喜んで、この学校の教師になると言っている。どうか特例としてデヴィスの教師を許して貰いたい〃以上のような趣旨である。槇村権知事はそれでも許可をしぶった。新島は次に九鬼隆一に目をつけた。九鬼隆一は組合教会の神戸英和女学校を全面的に支持した旧三田藩主・九鬼隆義の一族で当時、文部省に出仕していた。新島は九鬼に会い、九鬼を通じて槇村を説き伏せ、遂に特例としてデヴィスの教師雇用を田中文部大輔に認めさせた。かくして明治八年十一月、英学校が京都府上京区寺町丸太町に開校し、翌年、相国寺門前の新校舎に移ったのである。

明治八年八月に京都府に提出された同志社開学願書の願い人は下記のようになっている。

上京区第三一区河原町三条上ル四〇一番
山本覚馬同居　　新島　襄
結社人居所同上　山本覚馬

つまり河原町にあった山本覚馬邸に同居している新島襄とその家主の山本覚馬が結社人になってこの学校をはじめるというのである。山本は京都府顧問で京都府における社会的地位は高い。

聖書学習に使った 30 番教室

因みにこの時の同志社という意味は新島と山本二人の同志ということである。

槇村権知事は同志社に頸《くびき》をかけてきた。礼拝はじめ学校内での聖書の講習は禁じると言うのである。もとより新島のキリスト教主義教育は変わらないが、新島は校内での宗教教育をしないと槇村と妥協した。同志社英学校のカリキュラムは英語の学習と数学、物理、地理歴史等、普通教育と変わらないものになっている。しかし表向きはどうあろうとも、新島の熱烈たる信仰は変わらなかった。しばしば聖書をテキストに用い、伝え聞いた槇村と衝突したようである。槇村が聖書学習に神経質になったのは彼のキリスト教嫌いというよりは夥《おびただ》しい数の京都の寺院からの反発と京都の町衆の反感を恐れたからであろう。

しかるに、ここに一大異変が起った。明治九年九月、相国寺門前に新校舎をつくった時、熊本洋学校の生徒約三〇名が同志社英学校に雪崩《なだ》れ込んできたのである。熊本洋学校は旧熊本藩主・細川氏がたてた学校で、米国人ジェンズ L. L. Janes を教師としたが、彼の熱烈なる信仰のもとで多くの生徒が受洗した。これに対し熊本の人々が反発し、迫害が湧き起ったので当局は洋学校を閉鎖し、生徒たちは逃れ、その一部がデヴィスを頼って同志社になだれ込んだのである。

わずか八名であった同志社の教室は忽ち四〇名近い生徒で活気づいた。彼ら熊本バンド（部隊）は学力が高く勉強熱心で、これまでの気風を一気に変えたが、彼らはまた熱烈な信仰者で聖書の学習を求めた。新島も本来の宗教教育に精神を傾けるようになった。

同志社女学校はじまる

新島襄が心に画いたのはアメリカ流のクリスチャン大学であり、彼が心血をそそいで実現したのはその第一歩である同志社英学校であった。彼に女子を教育から排除する考えは勿論なかったが、日本の現状からみて女子の中等、高等教育をはじめることは考え及ばないことであった。しかるに熊本バンド三〇余名が乗り込んできた明治九年の暮十二月、御苑内の旧柳原邸を改造したデヴィスの仮住宅で同志社女学校がはじまったのである。

女学校を推進したのはアメリカンボードの宣教師デヴィスである。前に書いたように彼はミッション本部に女教師の派遣を要請し、タルカットとダッドレーという優れた教師を得て、神戸英和女学校をたてた。その経験から日本にミッション女学校をつくる確かな手がかりをつかんだのである。早速、ミッション本部に女教師の派遣を要請した。本部はこれに応えて明治九年四月、スタークウェザー A. J. Starkweather を派遣した。日本で布教するのも学校をつくるのも有力な日本人を知己に持たねばならない。神戸での伝道、学校建設で九鬼隆義という有力者を得た経験から、デヴィスはこのことをよく知っていた。京都には府顧問の山本覚馬がいた。山本とは新島を通じてすでに知己になっていた。

山本は元会津藩の洋式兵学者である。京都に出て京都守護職松平容保のもとで洋学塾を開いていた。鳥羽伏見の戦いに出陣して薩摩軍に捕われ入牢した。その時、書いた建白書「管見」が小松帯刀や西郷隆盛の目にとまり許されて京都府の顧問になったのである。「管見」は将来の日本を予測して建設的な諸説を吐いているが、その一つに女子教育の重要性を説いている。デヴィスと山本覚馬は意気投合して同志社女学校開校に向けて動いた。京都府新英学校女紅場で舎監をつとめていた山本の妹・八重は九年一月、新島と結婚していたが、この新島夫人八重とデヴィスが呼んだスタークウェザーが、同志社女学校最初の教師である。

明治九年十二月、御苑内の旧柳原邸、デヴィスが借りた住居で同志社女学校（まだ正式名称はない）の学習がはじまった。最初に入学した生徒は元三田藩主・九鬼隆義の姪である。デヴィスの紹介であることは言うまでもない。こうして、この女学校はデヴィスの仮住居で始まったが、翌十年四月、京都府に「同志社分校女紅場」の名で開業願いを提出した。提出者は同志社社長・新島襄である。同志社女学校としなかったのはキリスト教主義女学校であることを隠すため、京都府の勧

左から、新島夫人の八重、八重の母・山本佐久子、新島襄、新島襄の父、母

新島襄の家族

業政策に乗る形での女紅場の名を使ったのであろう。

京都府は新島のキリスト教教育を疑ったが山本の圧力で年度中に認可された。認可を待たずに新校舎建築を計画し、御苑北隣、今出川町にあった旧二条関白邸六、〇〇〇坪の地を得て工事をはじめた。当時、公家が東京に移って旧屋敷が荒れ果て、廉価で買いとることができたからではあるが、これらの費用はアメリカンボードからでたものである。かくして十一年秋には新校舎が完成し、同志社女学校と名乗って教則を制定した。

生徒定員五〇名、原則小学卒業一二歳以上で修業年限は本邦科三年、英書科四年である。ほかに小学課程に当る二年制の予備科を置いた。本邦科は和漢書による習字、作文、地誌歴史、筆算と代数学、裁縫、家政等。英書科は英語のリーディング、ライティングの外、英書による歴史、文学の学習であった。

教師はスタークウェザーとその後来日したアメリカンボードのパーメリー H. F. Parmelee と新島八重であったが、舎監として山本覚馬の母・佐久子が加わった。戊辰戦争で佐久子の夫は会津で戦没した。一家離散の中、佐久子は息子の覚馬を尋ねて娘の八重と京都に向かい、幸い三人邂逅して覚馬の家に住んだ。まもなく八重は新島襄と結ばれて受洗し、続いて佐久子も入信した。佐久子が舎監になった時はすでに七〇歳を超えていたが、それより六年間、舎監をつとめ、生徒から慕われた。

明治十八年、本邦科を廃して英書科だけとし、二十五年には予備科一年、普通科四年、専門科二年の文学系の女子専門学校を目ざした。第二次大戦後、女子中学校・高等学校・女子大学になっている。

函館の遺愛女学校と長崎の活水女学校

これまで明治九、十年頃、東京にできた海岸女学校（のちの青山女学院）と立教女学校、神戸、京都にできた神戸女学院と同志社女学校の設立経緯を述べてきた。いずれもアメリカプロテスタント系のミッションスクールで、その先駆をなすものである。これらミッションの中で、東京、京都・神戸という日本列島の中央部だけでなく、教区を東北の函館、西南の長崎にまで拡げてそこにミッション女学校をつくったのはメソジスト即ち函館の遺愛女学校、長崎の活水女学校である。この二校の設立経緯について略述しよう。

米国メソジスト伝道教会が日本を伝道の目標にして次々に宣教師を派遣してきたことはこれまで述べてきたが、明治初年に日本列島を鳥瞰して伝道の根拠地を北から函館、東京・横浜、神戸・大阪、長崎と四ヶ所にしぼり込んだのはメソジストだけである。東京・横浜は宣教師ソーパーによって、神戸・大阪は宣教師デヴィスによって、京都まで拡げて布教をはじめ、協同事業として女学校をたてた。東北の果て函館での活動をみよう。

フローラ・ハリス

函館担当の宣教師は M. C. Haris であった。ハリスは南北戦争当時一七歳の北軍騎兵少尉であったが戦後、ペンシルバニアのアレガニー大学を卒業してメソジスト派の伝道師になった。明治七年一月、彼は大学同窓の妻・フローラを伴って函館に来着し、教会を開いた。彼は直ちに布教に活躍しはじめたが、妻のフローラは附近の子どもを集めて英語を教えた

カロライン・ライト

り、婦人会を開いて聖書を教えたりしたが、人々のキリスト教に対する無理解は甚だしいものがあった。

函館は幕藩時代、蝦夷《えぞ》の監督地として幕府の蝦夷奉行（後に函館奉行）が置かれ、文化四（一八〇七）年以降、松前藩が支配した。函館にはまた産物会所が置かれ、江戸、大阪、兵庫（神戸）三港にある産物会所と海運による取引を行い、繁栄した。安政元（一八五四）年開国後すぐに開港、外国船の入港がはじまり、外国の領事、商人が集まるようになった。よって函館の街が洋式化し、西洋文化が流入するのは早かったが、この地は北海道開拓の入り口であり、行商人の行き交う街だったので落ち着きがなく、従ってハリス夫妻のキリスト教布教、女性子どもの教育が順調に行える状況ではなかった。しかしハリス夫人は屈せず、女子教育の振興に意を固め、米国婦人外国伝道協会の機関誌『ウーマンズ・フレンド』に女学校設立の必要を訴えた。たまたまこれを読んで感動した女性があった。ドイツ・ベルリン駐在の米国公使夫人Caroline R. Wrightである。ライトは故郷ニューヨークに住んでいた娘が危篤に落ち入ったので急遽帰国したが、帰国途次、死に目に会えるよう神に祈った。その甲斐あって死の直前、ライトは娘と抱き合うことができた。娘

明治15年頃の遺愛女学校校舎

はあの世に去ったが、娘の死に目に会えたのは神のご加護と深く感謝した。ハリス夫人の〝函館に女学校を〟の記事を読んだのはこの時であった。ライト夫人はニューヨークで〝函館に女学校を〟の編物、刺繍の展覧会バザーを開いた。その趣旨に賛成した篤志家が集まり、展示作品は飛ぶように売れ、一、八〇〇ドルに達した。これが伝道協会をへて函館のハリス夫人の手に渡ったのである。

この基金で函館臥牛山麓に二階建洋館二棟二教室、寄宿舎、外国人女性教師住居の校舎をたてた。明治十五年一月のことである。校名は、はじめMrs. Caroline Wlright Memorial Schoolとしたが、ライト夫人の遺徳を偲んで遺愛女学校とした。明治十五年一月十日の『函館新聞』にこの学校の開校記事が載っているが割愛する。現在、函館市にあって市民の敬愛する私立遺愛女子中学・高等学校となっている。

エリザベス・ラッセル

長崎についての説明の要はないであろう。幕藩時代、長崎は外国に開かれた唯一の港町であった。幕府権力者のキリシタン弾圧はすさまじく、その悲劇を伝える遺跡も多く、またこれに抵抗した隠れキリシタンの逸話も多い。この長崎に女学校をたてるべく、メソジスト婦人外国伝道協会の宣教師として来日したのはE. Russelである。ラッセルはワシントンで高等教育を受け、学校の教師となり学校長にもなったが、信仰のため、ミッションの婦人部に入会し、書記をつとめたので来日した時はすでに四三歳であった。来日は明治十二年十一月であった。彼女は航海中、つれの女性宣教師に十二月一日にきっと学校を始めると暗示的なことを言った。その十二月一日、つれの友人と住む家が決まったところに一人の日本女性がやってきて教えを請うた。未亡人らしく、感ずるところがあって伝道者になる志を立てたという。ラッセルはこの不思議な因縁を神の啓示として祈りを捧げ、この日本女性を生徒の筆頭とした。この話はこの学校に語り伝えられた。この学校＝活水女学校の活水とは聖書ヨハネ伝の「活ける水によってサマリヤの女に天来の福音を説いた」の物語からとったものである。メソジスト婦人伝道協会からの資金援助と婦人教師派遣によって明治十五年、現校地に校舎を新築して活水女学校は順調にすべり出した。その経緯は他のミッション女学校と大同小異だから説明を避ける。活水女学校は校舎が立派なこと、生徒の挙措動作がノーブルなことで長崎では県立高等女学校より高級と受けとられていた。戦後は活水学院として私立中学高校大学を擁する女学園となっている。

以上一八七〇年代にできたプロテスタント系ミッション女学校の設立経緯を述べた。一八八〇年代、プロテスタント系女学校設立の勢いはすさまじく、この後一〇年間で約五〇校になった。これにはリバイバルと称する熱烈な信仰復活運動と関連するので稿を改めて記述する。

参考文献

『神戸女学院八十年史』
『同志社五十年史』
比屋根安定『日本基督教史』
宮澤正典『同志社女学校史の研究』
『遺愛七十五周年史』
『活水学院百年史』
武田勘治「明治前期創立私立学校の建学精神」（『近代日本の私学』）

七　女子師範学校

はじめに

明治五年の「学制」を推進した新政府の役人はかなり楽天的で、中央も地方もない、上層も下層もない全国一律の教育をすれば、やがて日本人という新しい国民ができると思ったようである。よって全国の学齢児を階層を問わず、男女の性を問わず、小学校への就学を告諭し、地方官は小学校の設置に躍起となった。

全国の児童に一律の教育をするには一律の教育ができる教員がいなければならない。そこで、これまでなかった教員養成をする学校をつくった。師範学校である。師範という妙な名は江戸時代、武芸の上達者に贈る尊称である。しかし師範学校のモデルは独立戦争で独立を果たし、一つの国民にまとまろうとしたアメリカ合衆国の Normal School にとった。師範学校はアメリカの影響が強い。

文部省が東京はじめ、各大学区本部に官立師範学校をつくると各府県はその指導のもとに小学校の教員養成所をつくって急場の間に合わせた。しかし「学制」の男女平等の理念や階層無視の方針は実施の段階になると忽ち綻びた。男児の就学者も多くはなかったが、女児の就学者は極めて少なかった。最大の理由は女児にも男児と同じ学科を学ばせたことである。江戸時代、女児の無学はあたりまえのことで、裁縫を学ぶのも武家の娘か、上層農民か上層町人の娘であった。年頃の娘が男の教師に学ぶ習慣はなく稀な例であった。ここに女子の師範学校が急きょ必要になったのである。

女子師範学校をはじめようとした明治八年の時点に立つとミッションスクールも女紅場も始まったばかりで、その場所も極《ご》く限られている。女子を教育する女学校の経験がない。女子師範学校は女教員の養成と、女学校のあり方如何《いか》に、という二つの命題を背負って発足したのである。

官立東京女子師範学校開校

明治八年十一月二十九日、東京お茶の水橋畔の東京女子師範学校で開校式が行われた。十二月二日の『東京日日新聞』は「皇后宮行啓あらせ玉ふに因り、校門外を華美に装飾《つくろ》ひ、国旗風に飄《ひるがえ》り、紫幕日に映ず」の書き出しで、式の模様を伝えている。午前九時、大久保内務卿、万里小路《までのこうじ》宮内大輔の随従で皇后が鸞《らん》車を校門に止める。教員生徒が奉迎する中、皇后は一たん休憩室へ、次いで講堂で開校式が行われた。

まず皇后の祝詞、文部大輔田中不二麿の祝詞、学校長中村正直の祝詞、文部省野村中督学、畠山中督学の祝詞、女教員棚橋絢《あや》の祝詞があった後で、生徒代表青山千世の『勧善訓蒙』数章の講義、吉川若菜の『西国立志編』の講義、古市洛の『国史攬要《らんよう》』の講義があった。女生徒が書籍を講義するのは奇異にみえるが、女子師範第一期生はみな一五、六歳以上で武家の娘、一通り漢籍の素読が終った者たちばかりで、すでに小学校教師の経験をした者もいたのである。なかでも青山千世は水戸藩の儒者・青山延寿の娘で、この年、第一番の成績で入学した者であった。

女子師範学校開校に至る経緯を述べよう。

東京女子師範学校開校式
皇后行啓の絵
明治神宮外苑絵画館

文部省は「学制」の制定過程で小学校の普及を最重要と考え、そのため、教員養成即ち師範学校の設置を緊急課題とした。よって「学制」公布に先立つ明治五年五月に東京に官立師範学校をたて、明治六年から七年にかけて大阪、宮城、愛知、広島、長崎、新潟に各一校の官立師範学校をたてた。これらは大学区の中心地にたてられ、各大学区内の小学校教員養成の指導に当る任務を持つものであった。

「学制」は男女の平等を旨としているからとりた

文部省学監デイヴィット・マレー

てて女児の小学就学について述べていない。けれども、これまでの日本の習慣では女子が学校に通うことはなかった。藩校は武士たる男子の行く所であったし、庶民が通う寺子屋も江戸・大阪・京都では女児が通うものも多かったが、他の地域では女児の寺子屋は殆んど見られなかった。「学制」が実施されると女児の就学問題が各地で起った。ここに文部省学監・米国人デイヴィット・マレーDavid Murrayが女子師範学校を提唱したのである。

マレーは合衆国ラトガースカレッジの数学教授であった。当時、米国駐在の弁理公使であった森有礼が米国の有識者に〝日本の教育〟について意見を求めたところ、マレーが最も綿密な意見を送ってきた。これを見た文部省の要人がマレーを文部省の学監に招聘したのである。マレーは精力的に日本の各地を巡り日本の教育について各種の意見を陳述した。『ダビット・モルレー申報』といわれるものである。その中に女子教育と女子教員養成のことがある。要約すると日本はこれまで男女の別をたて、女子の教育を顧みなかったが、今こそ女子教育を盛んにする時である。女性は子どもを教育する最良の教師であるから欧米では早くから女教師が居る。日本でも直ちに女教師を養成すべきである。ただし女子師範学校を単独にたてることは大へんだから、小学校や中学校に附設してつくる方がよい。欧米はこれで成功した。

これをみた田中文部大輔は早速、女子師範学校設置の趣意書をしたため太政官に提出した。この建議は直ちに認められて、これを東京に設立すると布達した。明治七年三月のことである。

以後、文部省は開校に向けて準備をすすめたが明治八年二月には皇后から内庫金五、〇〇〇円が下賜され、八月には旧昌平黌跡に官立東京師範学校に隣接して二万四、八七七円をかけた校舎が落成した。よって生徒入学心得書をつくり、十月二十日から二十七日まで入学試験をして七一名の新入生を決め、十一月二十九日の開校式を迎えたのである。

中村正直

摂理（学校長のこと）には中村正直が迎えられた。中村は江戸生れの幕臣、早くから秀才の評判が高く幕府学校である昌平黌で漢学を修めた。傍ら蘭学、英学を研究していたので慶応二年十月選ばれて幕府遣英留学生になった。ロンドンに居ること二年にして幕府崩壊を知り帰国、静岡に移った。ここで彼はS・スマイル原著の『セルフ・ヘルプ』を翻訳して

『西国立志編』を著した。この書は福澤諭吉の『西洋事情』と並ぶ大ベストセラーになった。明治五年六月、東京に移り、翌六年二月には小石川江戸川町 大曲《おおまがり》に漢洋数学の同人社を開学した。中村の名声を慕って多くの生徒が集まったので福澤諭吉の慶應義塾、近藤真琴の攻玉社と並んで東京三大私学と呼ばれた。後に同人社女学校もつくるが、この頃、早くも同人社には女生徒がいたのである。

明治六年にはじまった啓蒙誌『明六雑誌』にも中村は強くかかわった。「西学一斑」ほか多くの論説を載せたが、同誌三三号の「善良ナル母を造るの説」は中村の女子教育論をよく表したものである。このように女子教育に一家言を持つ中村を校長に迎えたことは、新しい女学校の模範をつくろうとした東京女子師範学校にふさわしいものであった。

中村は女子師範学校の開校式の祝辞で次のように述べた。「謹テ惟《おもん》ミルニ邦国文明ハ政治ノ善ナルニ関係シ政治ノ善ナルハ家法ノ善ナルニ関係セリ。而シテ家法ノ善ナルハ婦人ノ心志端正、知識長進及ビ操行ノ善良ナルニ由レリ。我国古今善行アル婦人ニ乏シカラズ。然レドモ邦国惣体ヨリ之ヲ観レバ婦人教養方法ハ甚ハダ欠タリトイフベシ」として東京女子師範学校の生徒に「仰ギ望ムラクハ後来此ニ在テ学習卒業スルモノ善キ婦人トナリテ夫ヲ輔《たす》ケ善種ノ人民ヲ育シテ我国ヲシテ福祉安寧ノ邦タラシメン事ヲ」と願った。

ここにはよき女教師たれというコトバはない。教養ある女性となって夫をたすけ、よき家庭をつくってわが国を発展させよと言っているのである。女子師範学校の口火を切ったデイヴィット・マレーも教師だけでなく、よき女性になれと述べている。こうして東京女子師範学校は全国女子師範学校の模範学校として期待される一方、新しい日本女性を生み出す学校という希望をもって発足したのである。

石川県の女子師範学校

この時期、官立東京女子師範学校に次いで多くの女子師範生徒を擁したのは石川県である。石川県は明治七年、従来の学校を総合した集成学校を県の師範学校に改めたが、同時に女教員の養成を企画し、明治八年五月、女子師範学校を金沢松原町の女児小学校内に設置した。この松原町女児小学校は四五〇人もの女児を即座に集めた全国最大の先駆的な女児小学である。女児小学のことは後に述べるが、これは裁縫の授業を主とする女学校である。明治七年十二月に女子師範学校がはじめて生徒を募集した時、「年齢一七、八歳ニシテ夫アル者」を入学資格とした。これは結婚した女性ならば裁縫の一通りはできるだろうと推量したからであろう。当時の女性の結婚適齢は一六歳から一九歳で、〝二八の娘〟（二×八＝一六）は嫁入り準備の陰語、二〇歳《はたち》を過ぎれば年増《としま》と言われた。金沢は士族の街《まち》である。士族の娘は裁縫の一通りは皆、習ってきている。

明治八年五月にでた「生徒募集」に女子師範の意義を次のように述べている。

学ヲ勧ムルハ幼稚ノ時ニ於テスルヨリ先ナルハナシ。而シテ幼稚内庭ニ在テハ母ノ教育ヲ以テ最切実トス。欧洲文明ノ治ヲ称スル国、必ス女子教育ノ盛ナル男子ト異ナルナシ。我国従来女子ヲ以テ教育ノ外ニ置ク。学事ノ痿靡振ハス智識ノ開ケサル職《もとよ》リ此ニ由ル。今也小学ノ設、固ヨリ男女ヲ択ハス。然ルニ女子ノ教員ノ乏キヨリ女児小学ノ如キモ亦男子教員ヲ用井サルヲ得ス。抑小学ノ教員タル者ハ温和柔順能ク幼稚ヲ教育スルヲ以テ任トス。欧洲男子ヲ教育スル或ハ女師ヲ用ユト。況ヤ女児ノ教育ニ於テヲヤ。

これによってみれば金沢の女児小学が女子師範学校設置の直接の理由であったことがわかる。しかしこの文はさらに広く、女性がすべて母性を持ち、小学校の教員に向いている。だから女子教育を盛んにしなければならないと主張しているのである。これは東京女子師範学校開校のきっかけになった文部省学監デイヴィット・マレーの言うところと同じである。

石川県は、この年、明治八年、学務専任の百東誠助を東京に派遣して官立師範学校や督学局で中学や師範学校の教則を学ばせた。帰沢後、彼は金沢の中学校・師範学校の教則をつくるのだが、この年、開校準備をしていた東京女子師範学校についてもその情報を入手していたことは充分考えられる。マレーの女子師範学校観と金沢のそれが揆を一にしたとしても不思議ではない。

八年五月、女子師範学校は再度、生徒募集をした。この時は入学資格を「生徒年齢ハ一七歳以

女の躾（石川県第一女子師範学校編　明治 12 年）
（石川県教育センター蔵）

下トス」とした。これは女子師範学校を小学校卒業後のSecondary Educationに位置づけたかったからである。この頃になると県が小学校普及に力を尽した甲斐あって小学校の卒業生がわずかながらも出はじめたのである。女子師範の生徒は小学校の新教育を受けた優秀な女子でなければならない。入学試験でも『女ノサトシ』『本朝国尽』『皇統小史』などの仮名交り文を読まねばならなくなった。明治九年の生徒一四七名（『文部省第四年報』）は小学校教育を受けた女子であった。この一四七名という人数は東京女子師範学校の一六三名に次ぐもので特記すべきことである。

明治九年四月から八月にかけて、内務卿大久保利通によって行われた府県統廃合で、石川県は越前・加賀・能登・越中にまたがる大石川県になった。これまで金沢に教育施設を集中させていた石川県はそのようにはゆかず越前の福井、越中の富山にも分校を置かなければならなくなった。女子師範も例外ではない。金沢の学校を石川県第一女子師範学校とし、富山総曲輪にあった師範学校に第二女子師範を、福井佐佳枝上町にあった師範学校に第三女子師範を併設した。明治十年における生徒数は金沢の第一女子師範一〇一名、富山の第二は五三名、福井の第三は四四名である（『文部省第五年報』）。

明治十年三月「石川県女子師範学校規則」をつくった。これによって在学期間が二年となり、入学資格は「年齢ハ一七歳以上四〇歳以下タルベシ」とまた変わった。在学期間はこれまで速成の臨時措置であったから一ヶ年であったが、恒常的なものとして二年としたのである。生徒年齢を一七歳以上四〇歳以下としたのは、これまでの経験から嫁した夫人を含めて年齢枠を拡げた方が女教員を獲得し易いと思ったからであろう。入学試験は体格、作文、読書、数学と多くなり、それぞれの出題範囲も拡がった。また後続の生徒を確保するために一五歳以上の予科生も募集している。本科二年、一期六ヶ月四級制で学科目として授業法、教育法、文章学、数学、地理学、史学、理学、生理学、修身学、治家学（家庭経済と料理）、画学、習字、手芸（裁縫のこと）があがっている。各学科の詳細は煩瑣《はんさ》にわたるので省略する。

明治十四年二月、福井県の分離独立、十六年五月、富山県の分離独立で大石川県時代は終わった。第二女子師範、第三女子師範はそれぞれ富山県、福井県に返還された。第二女子師範は富山県女子師範として継続したが、第三女子師範は福井県に移管されるとともに消滅した。明治十七年における女子師範生徒数は石川県一一〇名、富山県七五名である（『文部省第十二年報』）。

秋田県の女子師範学校

秋田藩は戊辰戦争では官軍として奮戦したので戦後、賞典禄が与えられた。しかし秋田藩士は奥羽の雄藩たることを自負して、封建郡県の議論の際、封建論をぶちまくって新政府から睨まれた。廃藩置県後、初代秋田県令に旧佐賀藩士・島義勇が赴任以来、県政に秋田藩の旧臣が就くことはなかった。島県令は「学制」公布前の明治五年四月、「興学ノ令」を発して学校の設置を説いた。この中で〝諸道兼学〟を主張している。これは漢学や国学が学派をたてているが、間違っている。すべての学問を兼学せよということである。しかしその真意は漢学や国学の古い学問を棄て新しい洋学を中心にせよということである。明治六年二月、旧藩校明徳館の敷地に学校をたて日新学校と称した。漢学中心の旧藩校は息の根を止められ、洋学中心の日新学校が誕生したのである。「学制」公布後の五年九月、秋田県は「興学告諭」を発した。「学制」の方針を体し、〝これからは一部の士族だけでなく県民全員が就学する小学校を津々浦々に設ける。これは県民全員のものだから民費で行う。協力せよ〟という趣旨である。県はこの趣旨のもとに小学校の設置に邁進するのである。

初代県令の島は北海道に転任になり、次いで杉孫七郎が、さらに元長州藩士・国司仙吉が権令になった。国司は島の小学校普及を継承して小学区を区切り、小学教則をたて県内各地の小学校建設に奮闘した。若干三〇歳のこの権令は吉田松陰門下で、洋式教育の信奉者である。彼の元で

国司仙吉

つくられた小学教則は「学制」が示す小学教則に準拠したものであるから早速にも小学教員の養成にかからなければならない。彼は旧来の寺子屋や漢学塾を認めなかったから、新しい人材、二〇歳から五〇歳までの教員志望者を選抜して短期養成の〝伝習学校〟を秋田城下につくった。明治六年九月のことである。

秋田城下に将来、中学校になる日新学校と将来、師範学校になる伝習学校が並立したのである。ここにおいて県は城下の旧藩校明徳館跡に校舎を新築し、大平山の麓にあることから大平学校と名づけ、日新学校と伝習学校を収容した。以後、日新学校は洋学校と呼ばれるようになる。

県当局の熱心な推進で、小学校の設置は進み、明治八年には三〇〇校を越えるようになった。しかし肝心の学齢児童の就学は思わしくなかった。男児の就学は明治十年、二万五、〇〇〇余、女児は一、五〇〇余、就学率男児四九％弱、女児は五・六％である。全国の就学率男児五六％、女児二二％に比べて何と低いことか。とりわけ女児生徒の少なさはどうだろう。明治十年、秋田県を巡視した文部権大書記官・中島永元は文部省に次のような報告をしている。

（秋田県の）某地ニ於テハ父母ノ其女子ヲ男女混座ノ学校ニ入ルル事ヲ嫌ヒ、某村ニ於テハ小学教則中ニ裁縫ノ課目ナキヲ以テ假令《たとい》算術読書ノミニ通スルモ嫁後一家ヲ経理スルノ術ニ迂遠ナレハ小学ニ入ラシメンヨリ寧ロ父母ノ傍ニアリテ裁縫等ヲ学バシムルニ如カズト言ヘル如キ者アリ。加之《くわうるに》、該地方従来ノ慣習ニ於テ女子ハ齢《よわい》一〇年（歳）前後ニシテ始メテ入学セシムルヲ以テ假令《たとえ》学ニ就カシムルモ未タ下等小学科ヲモ卒業セサル間ニ笄期《けいき》（婚礼の時期）已ニ迫リ退学セシメサル事ヲ得ス。而シテ其学習スル所、或ハ欧羅巴《ようろっぱ》ノ地理ニ通スルモ已レノ衣服ダモ裁縫スルコト能ハザルナリ。

要するに県の小学校は洋式で算術読書西洋地理などは習わせるが嫁入り前の娘に肝心の裁縫を習わせないから小学校に通っても無駄であるという。また言う「士族ノ風（習）ハ其女子ヲ男女混交ノ学校ニ出席セシムルヲ好マズ」と。要するに秋田県の風俗では男女共学は好まれない。女子の教育には裁縫が必要だ、よって今後、女児小学をつくるべきで、そのための女子師範教場を太平学校の中につくるべきであると中島大書記官は提言したのである（「明治十年文部省督学局学区巡視功程」）。

文部省中島大書記官の提言を待つまでもなく、秋田県は女教員の養成を考え、明治七年には早くも三名の女子を太平学校の伝習学校に受け入れていたが、九年十月、新任の権令石田英吉は女子師範学伝習所開設について「告諭」を発した。即ち「子弟教育ノ基本ハ慈母第一ニシテ小学ノ教師之ニ継ク」と欧洲の諸賢が言うから今般太平学校内に女子師範学伝習所を開く。教則は「裁縫《たちぬい》ノ業ヲ以テシ操行容儀ニ至ル迄少女ノ模範トナルヘキ善良ノ教師ヲ養成」すると述べている。これまでの洋式女子教育から秋田の慣習に合わせた女教師養成に転換したのである。

明治九年十月、県は女子師範伝習生徒二〇名を募集したところ、五七名の応募者があった。その中にはへき地からの志願者がかなりいた。県はへき地の小学普及に頭を悩ましていたので、へき地からの志願者を全員合格とし、都合五三名を入学生徒とした。これらの生徒のほとんどは士族の娘で、平民の娘はわずかであった。年齢は最高四八歳、最低一四歳とかなりの差があった。

明治十三年五月、県は西秋田郡西根小屋町に校舎を新築し、これまで秋田師範学校に同居していた女子師範学伝習所を移して、秋田女子師範学校とした。五月五日の「秋田遐邇《かに》新聞」は開校式の様子を次のように伝えている。

午前一一時、教員生徒は校舎外に整列した。県令石田英吉が正面に立って、うやうやしく一礼の後、開校の祝辞を朗読した。続いて頓野馬彦（秋田県師範学校長と兼務）校長が報答の辞を述べて式は終了した。式後、校舎内で祝宴があり、校長、職員、来賓ともども美酒佳肴に酔い、二時三〇分終了した。日が西に傾くのを待って学校の内外に五〇〇余りの灯ろうをともし、来観者も多く賑々しい限りであった。

かくして三年六級制の秋田県女子師範学校が発足したのである。

師範学校女子部にいたる経緯

明治十年代になると、さらにいくつかの府県に女子師範学校ができた。しかし女子師範として独立したものでなく、中学校や師範学校に附属したものが多くなる。その経緯《いきさつ》を述べよう。

明治十二年の「教育令」は「凡《およそ》学校ニ於テハ男女教場ヲ同クスルコトヲ得ス」（第四二条）としている。「但小学校ニ於テハ男女教場ヲ同クスルモ妨ケナシ」という但し書きがついているが、今後の学校を男女別学にしようとする文部省の意図は明らかである。但し書きは地方の経済的事情から校舎教室が建てられない場合は共学も止むを得ないということである。これまでの経緯《いきさつ》から小学校も男女別学にして、裁縫を主とする女児学校をつくりたかったのである。それには建物ばかりでなく女教員が必要である。

「教育令」は「師範学校ハ教員ヲ養成スル所」（第六条）と規定し、府県がこれをつくること、公立小学校の教員は原則、師範学校の卒業生でなければならぬこと（第三三－三八条）とした。ここに小学校教員養成学校としての師範学校が制度上確立した。これまでの中学校の一種だとか、小学校の模範校Normal Schoolだとかの曖昧さがなくなり、教員養成のためのTeachers Collegeになったのである。府県は全力をあげて師範学校をつくらなければならなくなった。

明治十四年、「小学校教則綱領」「中学校教則大綱」「師範学校教則大綱」がでて小学校、中学校、師範学校の教育課程が明らかになった。小学校は初等科三年、中等科三年、高等科二年の八年制で、初等科は男児女児共通であるが、中等科になると女児には裁縫が加わり、高等科になるとさらに家事経済（衣服、住居、食物等）が加わる。女教員がいなければできない。けれども「師範学校教則大綱」の女教員への対応は薄弱で、わずかに次の一条があるだけであった。「女子ノ為ニハ本邦法令、経済等ヲ除キ若クハ某学科ノ程度ヲ斟酌シテ裁縫、家事経済等ヲ加フヘシ」（第六条）。

以上の小学校、中学校、師範学校の「教則綱領」「教則大綱」ができた一年後の明治十五年十一月から十二月十五日まで、文部省は全国各府県の学務課長と府県立学校長を東京に招集して学事諮問会を開いた。「改正教育令」以来つくった教育諸法令を文部省幹部が説明したのである。その説明は『文部省示諭』となって各府県に配られた。『文部省示諭』は小学校では女児を男児と分けて授業する必要を説き、師範学校について「女子ヲ以テ女児ヲ教フルハ教育上裨益少ナカラザルベキヲ以テ土地ノ情況ニ因テハ別ニ女子師範学校ノ設置ヲ要スルコトアルベシ」と説いたのである。

これより早く、女子師範学校を設置した県がいくつかある。「文部省示諭」が出た後、明治十六年における県立女子師範学校を見ればわずか六校でしかない。

千葉県　千葉女子師範学校　在籍生徒七一名
滋賀県　滋賀県女子師範学校　一二名
青森県　弘前女子師範学校　四二名
秋田県　秋田女子師範学校　八一名
富山県　富山女子師範学校　五五名
高知県　高知女子師範学校　七七名

しかしながら、これらのように独立した学校でなく、男子系の師範学校に同居したり、女学校及びその他の学校の一部を借りて、女子師範教育をおこなう府県もあった。

京都府　京都府女学校　在籍生徒一〇九名
新潟県　新潟学校　四四名
山梨県　山梨女学校　五名
岐阜県　岐阜県女学校　二〇名

広島県	広島師範学校	二一名
鹿児島県	鹿児島師範学校	五三名

（明治十六年官立府県立町村立師範学校一覧表）

寥々たる生徒数である。新潟県の状況をみよう。

新潟県は明治九年二月に修業年限一ヶ年の小学講習所を新潟に開いた。十年二月、修業年限を二年に延長し、新潟師範学校と改称した。しかるに同年同月、官立新潟師範学校が廃止されたので、その施設設備をすべて新潟県に譲渡した。県はこれを明治五年以来、営々つくりあげた新潟学校（洋学校）に附属せしめ、県立師範学校も加えて、百工化学（専門学）、講習科（中学科）、英語学科、師範学科を擁する総合学園・新潟学校にした。この新潟学校に明治十二年四月、女子師範科を創設したのである。十四年に「師範学校教則大綱」がでると、大綱に準拠して十五年、次の如き師範科に変えた。

	修業年限		修業年限
男子初等師範科	（一ヶ年）	女子初等師範科	（一ヶ年半）
同　中等師範科	（二ヶ年半）	同　中等師範科	（三ヶ年）

同　高等師範科（四ヶ年）　同　高等師範科（四ヶ年半）

翌十六年の新潟学校女子師範科の生徒数は前にあげた如く四四名である。この規定通りに初等中等高等三科に分けられただろうか。記録がないからわからない。

山梨県徽典館《きてん》と岐阜県華陽学校の女子師範

山梨県は前掲の記録では明治十六年当時、山梨女学校で女子師範教育が行われた。ただし生徒は五名、その経緯《いきさつ》を簡単に述べよう。甲斐の国は江戸時代、天領（幕府直轄地）の期間が長く、領主による善政がなかった。〝山流し〟と言って、江戸で性行不良のご家人が懲罰のために数年、甲府で勤番させられる慣行があった。犯罪人が八丈島に流されるのを〝島流し〟と言うのに対し、〝山流し〟と言ったのである。ために甲斐の国一帯は治安が悪く、暗いイメージがあった。これではいかぬと幕末になると、幕府は甲府に徽典館という直轄学校をたて、勤番武士の教育に乗り出した。

明治六年一月、若干二七歳の藤村紫朗が県令として乗り込んできた。彼は以後一四年間、山梨県に君臨し、殖産興業に土木工事に努力し山梨県の経済を興隆させた。彼はまた教育の振興に力を奮った。彼は極端な文明開化の信奉者で徽典館をはじめ、山梨県の教育をすべて〝陳腐于遠〟

山梨学校徽典館の図
教育時論　第 60 号（明治 19 年 12 月）

としりぞけ、モダンなペンキ塗の山梨学校を甲府に建て、そこに医学校、中学校、師範学校（男子）を組み入れた。やがて女子師範もそこに入れようとするのだが、藤村の考えは女学校ならばなんでもよかった。山梨県の女性があまりに保守的、封建的なので、都会風のモダンな女学校をつくりたかっただけなのである。しかし文部省の意向が女子師範学校なので折れて、そのようにしたが県会が、女子師範学校費を否決すると、これを女学校に直し、その中に普通科と師範科を置いたのである。さきに述べた五名の生徒はこの時のものである。

藤村の文明開化熱は激しく、三新法公布以前に民会をつくり、県令でありながら議長席に坐ったり、新聞の発行をすすめたが、新聞が県令を攻撃すると発行停止を命じるなど専制的になった。山梨学校の構内に池を掘り、日本列島を模した小島をつくって、日本は小さい、山梨は狭い、広い世界を見よと叫んだり、神社の神木を切り倒させて迷信を糺したりの奇行が多く、次第に住民の信頼を失って失脚した。女学校も同

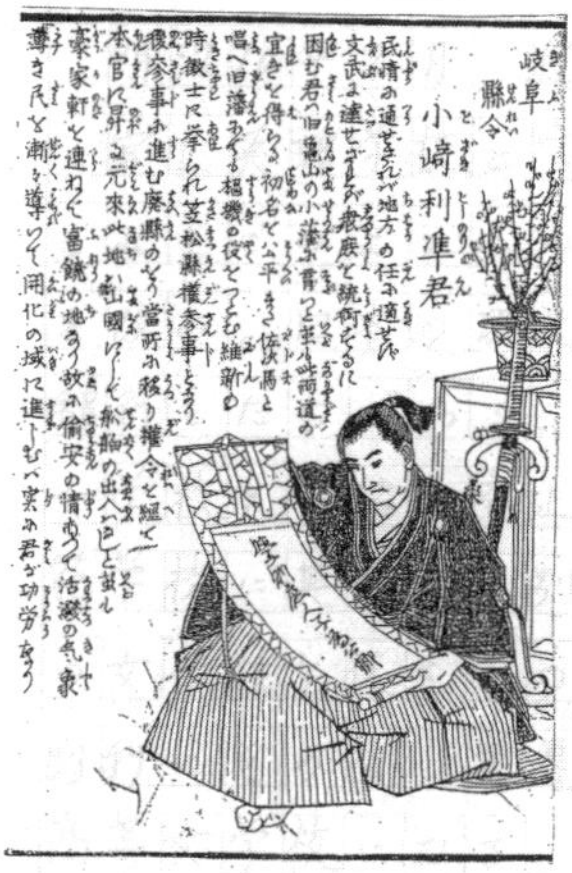

岐阜県令小崎利準

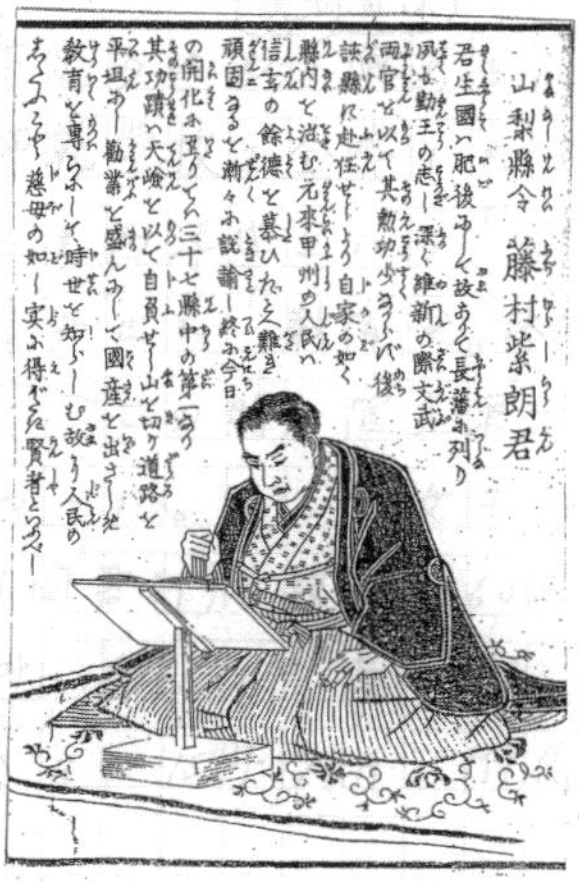

山梨県令藤村紫朗

伊東専三『府県長官銘々伝』（紅英堂、明治14年4月）

様で、入学生がいなくなり、閉校になった。山梨学校はもとの徽典館に戻り、その後、しばらく中学校と師範学校がこの名を冠称した。

　岐阜県女学校に拠った女子師範も山梨に似ている。岐阜県の文明開化も三四歳で岐阜県令になった小崎利準の一六年にわたる県政で行われた。岐阜県は貧困な飛騨の国と富裕な美濃の国を合わせてつくられたが、小崎は県庁を飛騨の中心地・高山にも、美濃の中心地・大垣にも置かず、当時、閑村であった岐阜に置いてそこを官庁街、学校街にした。これらは富裕地・美濃の寄附金七〇万円でまかなった。ここに華陽学校という壮大な校舎を建築し、中学校・師範学校・女学校を置いたのである。明治十三年、これら全部を岐阜県華陽学校とし各学校を中学部・師範学部・普通女学科・女子師範学科とした。因みに華陽学校とは織田信長の居城（岐阜城）が金華山にあり、この学校が金華山の南にあったから華陽としたのである。小崎県令は藤村山梨県令ほど強烈ではなかったが、文明開化の信奉者で女子教育の振興もその一環であった。小崎県政は飛騨の道路開削、美濃の河川堤防工事には住民の支持を得たが、女学校維持については常に県会の経費削減にさらされた。小崎は内務卿の指揮を求めて強引にこれを進めたが、明治十七年女子師範ともども女学校を閉鎖した。

明治十八年二月、文部省は東京女子師範学校を官立東京師範学校の女子部にした。これにならって各県の女子師範学校は県立師範学校の女子部になった。女子師範の経費を全額削減する県会が多かったからである。

明治十年代の東京女子師範学校

官立東京女子師範学校は開校一年後の明治九年十一月、附属幼稚園を開設した。師範学校摂理（校長）・中村正直の意向である。幼稚園監事（主事）関信三、主席保母ドイツ人クララ・ツィーデルマン Klara Ziederman（松野クララ）、主任保母女子師範訓導・豊田芙雄《ふゆ》という陣容で発足した。

明治十年二月、経費不足のため、文部省は東京を除く官立英語学校と官立師範学校を全廃した。これまでのようになんでも西洋式という「学制」を改め、日本の現状に合わせた「教育令」体制へ移行したのである。この時、官立東京女学校も一緒に廃止になった。そこで女子師範学校に英学科と別科（国書科）を設け、六〇名の女学校生徒をこの二科に移した。英学科と別科はその後、変遷をへて、十五年七月、附属高等女学校になる。

また十年二月、師範学校生徒に授業法を実地に練習させるため附属小学校をつくった。翌年、附属練習小学校と改称したが、明治十四年四月には女子師範学校附属小学校と改称して教育実習の為ばかりでなく、地方小学校の模範たらしめようとした。

このように官立東京女子師範学校は本体の師範学校のほか、幼稚園、高等女学校、附属小学校を合わせ持つ総合学校になっていった。

明治十年六月、東京女子師範学校規則をつくった。学科課程は七級制で地理学、史学、数学、物理学、博物学、化学、生理学、文学、経済学、修身学、習字、画学、裁縫、唱歌、体操、小学授業法、小学実地授業等があがっているが、どれだけ実際にやったかわからない。十四年、予科三年、本科三年の計六ヶ年課程に変えた。学科は旧来と概ね変わらないが、代数幾何、家事経済などが新しく加わった。

明治 18 年頃の師範学校
女子部生徒

明治十八年八月、文部省御用掛の森有礼が、

師範女子部の生徒

官立東京師範学校の監督になると東京女子師範を合併したので、東京師範学校女子部になった。学科課程も四年制に改め、学科も倫理、教育、国語漢文、英語、数学簿記、地理歴史、博物、物理化学、家事、習字図画、音楽、体操に整理された。

以上は約一〇年間の学科課程の大ざっぱな変遷である。しかし教育の実際はこのようには行われなかったらしい。東京女子師範学校開校以来、数学の教員として奉職し、男子師範学校に合併したのを不満として退職した宮川保全は校長が変わるごとに教育が変わったと次のように述べている。中村正直校長の時（明治八年十一月～十三年五月）は「教科目の主要なものは漢文と漢文体の仮名交り文でありまして、生徒の服装は男子用の縞の十番袴を着て、髪は銀杏《いちょう》返しでありました」。福羽美静校長の時（明治十三年五月～十四年七月）は「教科目を改めて和文を必須科目とせられ、生徒は袴を用ひず、髪は自由に任せて島田もあり銀杏返しもあるというありさま」、那珂通世校長の時（明治十四年七月～十八年八月）は「英語を必須科目にするやら束髪に結ばせるやら面目を一新する程の改革がされた（中略）通観すると僅々一〇年間に学校の教科も生徒の風俗も漢和洋に三変化を致しており、卒業生は区々異様な成績で社会へ出たという次第」で「官立学校はその長官が代る毎に主義主張を変更し、生徒は其の方向を迷うの感がございました」。宮川はこれに憤慨し、官立女子師範をやめて、私学共立女子職業学校をつくるのである（後述）。

中村は洋学者ではあるが根は昌平黌出身の漢学者であり、福羽は国学者で神祇官に勤めていた。那珂は慶應義塾出身の洋学者であるから宮川の言うようなこともあっただろう。前にあげた学科目は公式なもので、実際に物理化学など教える教員がいなかったから、和漢洋の書籍を読ませるのが精一杯であったのも否めない。女生徒の服装が変化したのも校長の責任のように宮川は言うが、それは酷であろう。生徒は当時の流行を敏感に受けているのである。しかし師範学校女子部になった頃の有様は相当にひどかったらしい。当時の教員で後に長く女子高等師範学校長をつとめた中川謙二郎は次のように述べている。

明治一八、九年頃になると世の中は所謂鹿鳴館の舞踏時代で、本校の生徒も洋装して課業に就く事となり学校では舞踏を稽古した。恰度私の室の隣りの室が舞踏を稽古する教場になって居たので騒々しくって困った。私はダンスが嫌いでしたから、もう少し静にしてくれぬかというと静にしては稽古は出来ませんと言って居った。恰度大きな講堂があって舞踏室によかったと見えて大学の教授連がよく来てダンスをやって居った。坪井玄道君なども体育の方からダンスを研究すると言って来て居たが、大学の方では穂積陳重、桜井錠二博士等がよく見える顔だった。洋装はホンの一時で又着流しに移った（国民教育奨励会編『教育五十年史』所収）。

「この時代は一切の伝統文物を排斥して西洋風に習おうと男女交際の自由が説かれて大学生と女学生が打ち雑って英語で忠臣蔵を演ずるものがあった。こうした流行は忽ち上から下へと弘まり、殊に婦人の洋装束髪の普及は著《いちじる》しいもので、明治十八年九月本校も洋服を採用し生徒は洋服で課業を受け、また学校でダンスの稽古をした」と『東京女子高等師範学校六十年史』は語っている。

女子高等師範学校の成立

明治十八年、文部省御用掛・森有礼の意向で東京女子師範学校は官立東京師範学校に合併し、その女子部になった。その影響で各府県にできつつあった女子師範も府県師範学校の女子部になった。

明治十九年四月十日、勅令一三号として「師範学校令」が発せられた。これは初代文部大臣森有礼の教育政策としての「帝国大学令」「小学校令」「中学校令」「諸学校通則」と一緒に考えねばならぬ法令で、とりわけ、小学校政策とは密接に関連する。「小学校令」は小学校を尋常と高等の二種とし、尋常小学校四年間を義務就学として、授業料負担を親の義務とした。貧困児のためには三年制の小学簡易科もある。全国の学齢児を徹底的に就学させる施策であった。これがために全国の町村に小学校を建設する施策を次々に打ってゆく。しかしこれが実現のためには教具教材・教科書も揃えねばならぬが、なによりも文部省が目指す教育課程を教え得る教員がいなければならない。すでに「学制」以来の研究で教科書や教育課程はできつつあったが、小学校教員の不足は決定的であった。「師範学校令」の重要な意味はそこにあった。

「師範学校令」は師範学校を高等と尋常の二種としている。高等師範学校は文部省の直轄で一校、尋常師範学校は府県がつくらなければならない。当時、殆んどの府県が中学校をつくっていたが、森の「中学校令」では府県の必置とせずに任意とし、師範学校の必置を命じているのである。学校ができても教員がいなければはじまらない。「学制」以来、各地にできた教員養成所でなんとか小学校教員を確保してきた。学齢児の就学率が低く小学校も普及していなかったからである。全児童の就学を目ざし、全国に小学校を張り巡らす計画ならば、小学校教員は足りない。さらにこれまで研究し実施してきた近代的教育課程を充分に教え得る教員を増産せねばならない。ここに新しい小学校教員を養成する府県の尋常師範学校と、尋常師範学校の教員を養成する高等師範学校が必要になったのである。

尋常師範学校には従来、府県にあった師範学校や教員養成所をあてた。そして高等師範学校には官立東京師範学校をあてたのである。それならば、すでに一〇年前から活動している各地の女子師範学校や師範学校女子部をどうするか。女児の就学率は徐々に高まっている。地方により違いがあるが、都市部では確実に女児が増えており、女教員も少ないながら活動している。「師範学校令」は第一条で「教員トナルベキモノヲ養成スル所トス」とあるだけで、男女の別云々の語句はない。しかし同年五月にでた「尋常師範学校ノ学科及其程度」(文部省令九号)には学科を並べ立てたあと「農学手工及兵式体操ハ男生徒ニ課シ家事ハ女生徒ニ課ス」とし、同年十月にでた「高等師範学校ノ学科及其程度」(文部省令一七号)では「高等師範ノ学科ヲ分チテ男子師範学科及女子師範学科トス」(第一条)とあり、「女子師範学科ハ倫理教育国語漢文英語数学簿記地理歴史博物物理化学家事習字図画音楽及体操トス」(第一〇条)と学科を並べているのである。女子師範を男子師範学校と並立させたのである。

「師範学校令」や文部省令を受けて府県の師範学校は動き出した。師範学校女子部のままのところもあり、女子師範学校と改称したところもある。各府県のそれらの活動を詳述できないが、石井研堂の『明治事物起原』に山梨女子師範学校の修学旅行の記事があるので紹介しよう。

明治二二年七月二〇日より山梨女子師範学校生徒一同、体力養成実地修学のため、京都地方へ旅行せり。これを女学生修学旅行の嚆矢となす。女生徒一五名、職員男女七名、富士川を下り静岡に達するや、同県女子師範学校生徒雨中なれども送迎あり、餞別の歌を送りて款待す。それより京都、三重を視察し、帰途八月三日、文部省を訪ふ。榎本大臣、辻次官等これを壮とし、楼上の高等官応接所にて面謁し、旅行中の談を聞き生徒に氷水など与へたり。当時は、このくらゐの修学旅行は大旅行なりしなり。

東京では「師範学校令」と文部省令九号を受けて十九年十月、高等師範学校の校則を改正した。即ち男子師範学科と女子師範学科に分け、男子師範学科を文学科、理化学科、博物学科の三科としてそれぞれの教育課程をつくった。女子師範学科の教育課程は前にあげた「高等師範学校ノ学科及其程度」の第一〇条の通りである。入学資格は男子師範学科が尋常師範四年卒業であるのに対し、女子師範学科は尋常師範二年修了でよく、修業年限は男子三年、女子四年であった。

師範学校には教員生活を送らねばならぬ服務年限がある。高等師範学校卒業生は尋常師範の教員になるが男子は一〇年間、うち五年間は文部省指定の学校に奉職する義務があった。それに対し、女子は服務年限五年、文部省指定の学校奉職は二年間であった。

こうして東京師範学校女子部は高等師範学校女子師範学科に移行したが、明治二十三年三月の勅令四二号によって高等師範学校から分離独立し、女子高等師範学校になった。榎本武揚文部大臣の意向である。学校長には再び中村正直が就任した。

女子高等師範学校が成立した明治二十三年に教育勅語が発布された。その前年に大日本帝国憲法が発布されて二〇年来の統一国家体制づくりが最終段階に入ったのである。思想面からみれば二〇年来の欧化思想に対し日本主義が起り、両者対立の激化から漸く妥協調和の兆しが見えはじめた時期である。女子高等師範学校の成立は、こうした風潮の縮図である、これを機会に鹿鳴館風のダンスに興じる風紀が次第に改まり、生徒の洋装も影をひそめて次第に和服に戻っていったと『東京女子高等師範学校六十年史』は述べている。〝女子の最高学府〟と言われた戦前の評価はこれから培われてゆくのである。

参考文献

『東京女子高等師範学校六十年史』
高橋昌郎『中村敬宇』吉川弘文館人物叢書
山川菊栄『おんな二代の記』
『石川県教育史』第一巻
『秋田県教育史』第五巻通史編
『秋田県教育史』第一巻資料編
戸田金一『秋田県学制史研究』
『秋高百年史』

国立教育研究所『学事諮問会と文部省示論』
『新潟第一師範七十年史』
神辺靖光「教育令期における県立総合学校——山梨徽典館と岐阜県華陽学校」
桜井役『女子教育史』
『明治以降教育制度発達史』第三巻
文部省総務局『日本近世教育概覧』
倉沢剛『学校令の研究』

八　中学校と並立する高等女学校の芽生え

はじめに

小学校を卒業して入学する高等普通教育の中学校・尋常中学校は明治十四年の「小学校教則綱領」「中学校教則大綱」の制定を機にはじまり、十九年の「尋常中学校ノ学科及其程度」の発令で確立した。この男子系の中学校と尋常中学校に肩を並べる女子高等普通教育の高等女学校は、官立東京女子師範学校の予科が明治十五年に附属高等女学校と改称したことからはじまり、女紅場以来の京都府女学校が明治二十一年、京都府高等女学校と改称してから一般化した。しかしそれに先行する栃木県第一女子中学校、群馬県女子模範学校、徳島中学校附属女学校のことも考察しておかねばならない。

高等女学校の名にとらわれずにカリキュラム編成上、男子の中学校と並立できる高等普通教育を実行したのが東京の私立桜井女学校である。この学校は矢島楫子に引き継がれ、女子学院になった。官公立の高等女学校に匹敵する高等普通教育の女学校としてこれも考察しよう。

栃木県第一女子中学校

明治十二年七月、栃木県都賀郡園部村に栃木県第一女子中学校が開校した。十八年四月、宇都宮に移転し、二十六年四月、栃木県高等女学校と改称、さらに宇都宮高等女学校と改称して戦前、栃木県女子教育の最高峰になった（現栃木県立宇都宮女子高等学校）。栃木県第一女子中学校というように、これは県の栃木中学校（現栃木県立宇都宮高等学校）に同居しつつ女学校として独立したものである。

その前身は明治八年十月に開校した栃木女学校である。名は女学校というものの、これは小学学齢の女児ばかりを集めた小学校であった。後に述べる女児小学である。他県と変わらず、栃木県も「学制」による小学校をはじめたが、県民は女児の学校を異様なものとして認めず、就学させなかったので旧来の裁縫ばかりを教える女児小学をいくつか開設した。栃木女学校はそれら女児小学のモデル学校として県庁がある都賀郡園部村に師範学校、中学校と並べて設置したのである。ここで栃木県の成立と県令・鍋島幹《みき》について述べておこう。

戊辰戦争の時、この栃木県の地・下野国《しもつけ》は会津に次ぐ戦場になった。江戸開城に不服な旧幕府軍が大鳥圭介に率いられて下野に入り、会津藩兵の一部も侵入して徹底抗戦を唱えた。時を同じくして下野一帯に世直し一揆が起り豪農豪商の打ちこわしが頻発した。これらの争乱に宇都宮藩をはじめ下野の諸藩はなすところを知らず、争乱は拡大するばかりであった。そこで江戸に進駐した新政府軍は東山道総督府軍から一隊を討伐のため派遣したので、慶応四（一八六八）年四月から六月にかけて下野一帯は戦乱状態に陥《おちい》ったのである。戦争が終ると政府は下野諸藩の監視と占領地の民政のため下総野鎮撫使《しもそうやちんぶし》を置き肥前藩士・鍋島幹を下野真岡知県事に任命した。鍋島は旧真岡代官領約九万石、天領日光領三万石、さらに旗本領寺社領を摂収し、その管轄地は二六万石余に及んだ。明治四年の廃藩置県ではさらに周辺の大名領地を加えて栃木県をつくり、六年、第一次県統合で宇都宮県を合併して現在の栃木県になったのである。この間、鍋島幹はこの地方を統治し、栃木県県令として明治十三年元老院に転じるまでその任に当った。鍋島幹は佐賀藩主・鍋島家の血筋ではあるが、藩主家の系列には属さず、早くから藩士として藩の重責を担っていた。戊辰戦争では佐賀藩士は東山道軍に属し、鍋島幹は選ばれてその指揮を執ったのである。

栃木県は以上の経緯をへて県が成立したので他県にみるような県官と旧藩遺臣の確執はなかった。鍋島県令の強力な指揮のもとにすべてが進んだとみられる。「学制」の公布により、各県は小学校の開設に向かって動き出した。漸くそれが進捗した明治七年、栃木県の現状は小学校に就学した学齢児は男児ばかりで女児就学は全就学者の三割にも満たなかった。それは県下の親が、女子の教育は裁縫だけ教えれば足りるとして新しい教育を理解していないからだと思った鍋島は県庁下に一つのモデル女学校をつくり、新しい女子教育を研究しようとした。これが前述の明治八年十月開校の栃木女学校である。九年一月には「栃木女学校規則」を制定して「学齢女児ニ普通

栃木模範女学校

ノ女学ヲ教授シテ家事ノ経営、幼稚ノ教育ヲ初メ凡婦女ノ要務ニ従事スルノ根底ヲ培養スル」女学校であると告示した。さらに十年二月には栃木模範女学校と改称してモデルとしての役割を校名に示し、十二年七月には、管内の女児小学校が進歩して、特別にモデルを示す必要がなくなったから模範女学校を止めて、これを女子中学校に直すとして栃木県第一女子中学校と改称した。この時期、明治十年から十二年にかけて、全国的に府県立中学校ができた。栃木県でも、これまで師範学校の附属予備学校であったものを中学校に仕立て直して十二年二月、栃木中学校とし、十月には校名を栃木県第一中学校とした。栃木県第一女子中学校は、これと符節を合わせたのであろう。ここまでのことは鍋島県令の強い指導で行われた。明治十三年、鍋島は元老院議員となり、以後、各地の地方長官として活躍する。

明治十四年、栃木県会が第一女子中学校の経費を全額削除した。県は明治九年九月、栃木病院中に附属医学所を置いたが、十二年、これを栃木県医学校とし、十四年にはこれを附属病院のある本格的専門学校にしようとしたのである。その経費は一万二、〇〇〇円を越えるものであった。県立諸学校と小学校補助費の県公学費の全額は三万円余でしかない。そこで女子中学校が全額削除されたのである。窮した県学務課は女子中学校を男子系の中学校に合体させて中学校女学部とした。

明治十四年七月、「中学校教則大綱」が公布された。中学校の教育課程はこれに準拠せねばならない。十五年七月、初等科三年、高等科二年の五年制の栃木県第一中学校教則をつくった。初等科を一年短縮しているが、学科は「教則大綱」と同じである。女学部もこれに沿って五年制の男子と同じ教則をつくったが女生徒が順応しなかったので予備科二年、女子高等普通学科三年の五年制のほか裁縫科という専門学科を併設した。女子高等普通学科の生徒は県立女子師範学校に適時、移れたようである。女子の高等普通教育としては不安定な女学部であったが、明治十七年の生徒数は男子九三名に対し五二名で、なんとか女学校としての命脈を保ち続けた。十八年四月、師範学校、中学校と一緒に宇都宮に移り、二十六年四月、栃木県高等女学校になった。

群馬県と徳島県の女学校

北関東に栃木県と隣接する群馬県はその面積が同じようにみえるが、栃木県がなだらかな那須高原の拡がりにあるのに対し、群馬県は峻厳な武尊《ほたか》、赤城、榛名三山がそそり立ち人が住む所は南部のわずかな平野部でしかない。しかるに、この上野《こうずけ》の地は江戸時代から養蚕、製糸、織物業が盛んで、幕末、横浜開港を契機に上州生糸の貿易によって富裕であった。俊厳な気候風土に立ち向かい刻苦努力によって成り立った故か、上州人には気性の激しいところがある。明治期の民権運動にもキリスト教の信仰にもそれがみられる。教育上でも県民は進歩的であった。

廃藩置県以後、何回か県域の入れ替えがあり、上州一国を県域とする現在の群馬県になったのは明治九年八月のことである。県令には長州藩士・楫取素彦《かとりもとひこ》が就任した。吉田松陰の妹を妻としたこの開明的な県令の主導のもと、県会の有志によって群馬県の学校は展開したのである。

小学校、中学校、師範学校の設置は明治十年頃から進んだが、明治十二年、女子模範学校を前橋につくった。県の学務課は次のようなことを言っている。〝当県の資産は蚕桑である。これを生産するために本県の女児は一〇歳にもならぬ頃から弟妹を背負って桑葉を摘み親の繁忙を助けている。一〇歳を超えれば糸を紡いで自営の途に向かうので学校に入らない。いま小学校に登校するのは男児ばかりで、女児の就学は殆んどない。こんなことでは人の母たる道を歩むことはできない。よっていまここに女子模範学校をつくって女子に人の道を教えるのだ〟と。明治十五年九月、女子模範学校の生徒一五名と新入生一〇名を合わせて県立高等女学校とし、師範学校寄宿舎の二階を借りて授業を開始した。県のこの方針に県会は賛成して歳費原案二八〇円を一五倍の四、二二六円に増額して可決した。そして、たまたま廃止になった医学校の一部を校舎としてここに群馬県立高等女学校を成立させたのである。

教則の詳細は不明だが、上等二年下等三年の五年制で、学科は修身、礼節、裁縫、家事経済である。「婦徳を涵養シ適応ノ知識ヲ開キテ日常ノ実用ニ供セシムルヲ主眼トス」（明治十六年『群馬県学事年報』）とした。教員は東京女子師範学校卒業生二名、漢学教師二名、画学一名、裁縫科一名、礼節習字一名となっている。生徒は十六年四六名、十七年六二名、十八年七三名と増え続けたが、十八年には松方デフレの影響で上州蚕糸業は大打撃を被り閉鎖の止むなきに至った。「今ヤ地方経済ノ困厄ニ際シ将ニ之ヲ閉鎖セントス遺憾啻ナラズト雖モ亦萬止ムヲ得サルモノアレバナリ」と明治十八年の『群馬県学事年報』は述べている。

四国の阿波の国、徳島県にも女学校が起った。天正十三（一五八五）年、秀吉の阿波平定の際、蜂須賀家が阿波国に封ぜられて以来、この大名が阿波一国に君臨して明治四年の廃藩置県に至った。しかし、この地は明治初年以来、騒動が頻発し、長く高知県に併合されていて徳島県として独立したのは明治十三年のことであった。その間、旧藩主・蜂須賀茂韶《もちあき》は徳島を離れ、東京に、さらに英国に留学してから帰国後、政治家として、また外交官として活躍し、明治二十九年には文部大臣になったが、郷国・徳島県の政治・教育にたずさわることはなかった。よって旧大藩の領域がそのまま県になった石川県、佐賀県、越前の福井県のように旧藩主とその重臣が、県の行政官や学務課と争うようなことはなく、徳島県は中央派遣の県令・学務課のもと、井上高格《たかのり》らを首領とする民権団体・自助社の人々の共動で学事が進められたのである。

明治十三年三月、高知県から徳島県の独立立県が決まるとまず学務委員を選挙し、学務委員によって小学校の普及、師範学校の整備が計られた。女学校開校はこの動きの中から生まれた。即ち、これまでの高知県徳島師範学校を徳島師範学校に独立するに際し、不振であった徳島女子師範学校を廃止して、これを徳島中学校附属女学校としたのである。校舎は徳島廐町に新築した。学務委員が女子教育の急務を訴え、生徒が集まったので十四年一月九日開校式をあげ、六月には徳島女学校と改称した。十四年の県会は前年からはじまった中学校と一緒にこの女学校の歳費を審議し、一、四四三円と決定した。これは県提出の原案通りで、徳島中学校の二、八八七円の半額であるが郡部につくった脇町、富岡、川島三中学の歳費より遥かに高い金額である。

この頃つくったという「教則」は伝わっていないが「専ラ実地ニ適ハン事ヲ欲シ、作文習字ノ如キ和文假字ヲ教フル」事に意を用いたとあるから（『明治十三年徳島県学事年報』）、およそ察することができる。徳島女学校には女子奨芸会という面白い女子教育奨励のイベントがあった。明治十三年九月に第一回の奨芸会が開かれたが、それは徳島女学校をはじめ、近隣小学校女生徒の作文、手跡、裁縫の作品を展示した展覧会であった。「以テ衆庶ノ従覧ヲ許セシニ来観シタル者一日無慮四千有餘人ノ多キニ及ベリ」と十三年の『年報』は伝えている。以後この奨芸会は毎年十月か十一月の秋に開催され、出品も裁縫手芸絵画に拡がり参会者も多くなってこの女学校の一大イベントとして後年に続いた。

明治十八年には徳島高等女学校と改称した。この頃は上等四級二年、下等六級三年計五年制になっていたが、学科の詳細はわからない。「上等科ヲ卒フル者ハ甚タ僅少」と十八年の『年報』は記している。それでも生徒は年々増加して、この年は一二四名であった。この年、松方デフレの影響で経済の困難が徳島を襲った。その上、師範学校の火災、赤痢の蔓延など不幸が続いたため、郡部三中学校を廃止して徳島中学校に合併するなどの措置をとったが、高等女学校は存続した。しかし明治二十三年十一月〝女学校は民度に伴わず、女子教育は高等小学校にて足れり〟として閉鎖になった。

京都府女学校と東京女子師範学校附属高等女学校

栃木県の第一女子中学校だけは県立宇都宮高等女学校として後世に続いたが、群馬県立高等女学校も徳島高等女学校も明治十年代に興った県立女学校は長く続くことなく終った。前に述べた総合学校としての山梨学校徽典館や岐阜県華陽学校の女学校も女子師範とか師範女子部と名称を変えて存続をはかったが結局、短命に終った。こうした公立女学校不振の中で、旧套を脱し、女子の普通教育を求めて生々発展したのが京都府の新英学校女紅場である。

明治五年四月、京都土手町丸太町にこの女学校をたてたことは前に述べた。英国人夫妻を雇った英語による普通学科と裁縫手芸を主とする女紅科の二つで出立した。しかし英人教師イーヴァンスの評判が悪かったので翌年解雇し、別の外国人に替えたが、この教師も生徒との折合が悪く、生徒は日本語の授業を求めた。そこで明治九年五月、新英学校の名を京都府女学校に改め、予科五級本科五級として学科を日本文の読物作文算術諸礼手技とし、本科で英語を学ぶようにした。しかしながら英語を学ぶ生徒は極めて少なかった。東京に比べて京都の女生徒は英語や西洋文化に対する憧れが強くなかったようである。そこで十二年五月「京都府女学校女紅場教則」なるものを定めて修業年限三年で生徒を女学科、英学科、女紅科の三科に分けた。女学科は和漢の書で、英学科は英書で女子普通教育を教える所である。女紅科は従来の女紅場であるが、この頃からその性格が変わってきた。これまでは少女が多く裁縫を学ぶ所であったが、十一年頃から年長の女性が多く来学して裁縫や女礼を学んで、町や郡部に盛んにできた女紅場や小学校の教員になる者が多くなった。つまり女子師範の役目を担うようになった。京都には遊女女紅場もある。女子の高等普通教育の場に女紅場の名はふさわしくない。かくして十五年、創立以来の女紅場の名称を断然廃止し、京都府女学校と改称して普通学科、師範学科、手芸学科の三学科にしたのである。普通学科は修業年限三年六級制で修身、和漢文、算術、地理、歴史、博物、物理、裁縫、家事経済、諸礼、習字、図画、体操、唱歌を学科目とし、英語がはずされた。しかし希望者は英学兼修も認められている。師範学科は修業年限三年六級制の中等師範学科のほかに修業年限一年半の初等師範学科があった。学科目は修身、読書、習字、算術、地理、図画、物理、裁縫、諸礼、教育学、学校管理法、実地授業、体操、唱歌で、中等師範学科はこれに歴史、博物、家事経済を加えただけである。初等師範科は折からの小学校普及に対処した年配の女性を教員にする速成学級であったと思われる。手芸学科も三年六級制で学科目は裁縫、刺繍、機織、綴織、袋物、押絵、剪綵、養蚕、写生画と修身、日用算術、習字で女紅場の伝統を継いでいる。明治十六年における各科別生徒数は普通科三二、師範科一〇九、手芸科一九四の計三三五名で手芸科が圧倒的に多かった。この年、師範科の実地授業のため、女児だけの附属小学校を併設した。

明治十九年四月、「師範学校令」が公布された。京都府は従来の府立師範学校を尋常師範学校にして、京都府女学校の師範学科をその女子部にした。そこで附属小学校とともに師範学科は寺町通の東松蔭町に移った。丸太町の京都府女学校は明治二十一年二月、四年制の京都府高等女学校になった。学科は倫理、国語、英語、算術、地理、歴史、理科、家事、図画、唱歌、体操の一一科目で、中学校と肩を並べる女子中等教育の基本学科が揃ったのである。英語の授業時間は週七時間で四年間続ける。府当局の意向であろうが、この女学校としては画期的なことである。その後、京都府立第一高等女学校として長く続き、戦後、府立鴨沂《おうき》高等学校として現在に至っている。

明治十五年七月、文部省は東京女子師範学校の予科を廃して附属高等女学校を設置した。この予科は明治五年開校の東京女学校を淵源とし、明治十年、東京女子師範学校内英学科になったものの後裔で、その由来は前に書いた。

この時、名称を〝女学校〟とせずに〝高等女学校〟としたことには注意を要する。前述の京都府高等女学校より早く、初めての高等女学校の呼称であった。この前年即ち明治十四年七月に「中学校教則大綱」が公布されたが、ここに「中学校ハ高等ナル普通学科ヲ授クル所」(第一条)の語句がある。女児小学ほか、さまざまなレベルの女学校の中で、男子の中学校と肩を並べられる学科を持つ学校として高等の冠称をつけたのだと思う。後に高等中学校ができた時から高等女学校は尋常中学校のレベルに位置づけられたので、〝女子はこれが高等〟と解釈された。

「本校附属高等女学校ハ高等ノ普通学科ヲ授ケ優良ナル婦女ヲ養成スル所トス」を第一条にあげた「教則」は下等科三年、上等科二年の五年制で、下等科は修身、読書、作文、習字、算術、地理、本邦歴史、博物、物理、図画、裁縫、礼節、音楽、体操を、上等科はこれに化学、家政、育児を加えて学科目とした。この年の生徒数は全学年で一一四人であった。

明治十八年、女子師範が東京師範学校と合併したので自《おの》ずから東京師範学校の附属高等女学校になり、一時、文部省の直轄学校になったが、明治二十三年三月、女子高等師範学校が成立したので(前述)その附属高等女学校に復帰した。以後、全国高等女学校の模範学校として後代に続いた。現お茶の水女子大学附属高等学校である。

桜井女学校のカリキュラム

私（神辺）はかつて「教育課程からみた明治二十年前後の私立女学校」（一九六六年）という論文を書いたことがある。明治二十年前後に存在したフェリス女学校をはじめ、名だたるプロテスタント系女学校のうち一二校のカリキュラムを比較検討し、女学校生成期におけるプロテスタント系女学校の教育史的意義を述べたものである。この中で、私は明治九年と明治二十一年の桜井女学校のカリキュラムに注目した。文部省が女子高等普通教育のモデルとしてつくった東京女子師範学校附属高等女学校のカリキュラムより、はるかに現実的で日本中流家庭の女性を目標にした女学校のカリキュラムがそこにはあった。これまで栃木県、群馬県、徳島県、京都府の府県立女学校、そして官立東京女子師範附属高等女学校のカリキュラムをみてきたわれわれは私立女学校が、新しいカリキュラム作りにどう対応したかをみたい。その代表の一つとして桜井女学校をみよう。

桜井ちか子

桜井女学校の創立者は桜井ちか子である。桜井ちか子は安政二（一八五五）年、江戸日本橋の幕府御用達平野与十郎の長女として生まれた。平野家は歴代将軍の霊廟に神器を納める家柄で裕福であった。それだけに幕府崩壊後の平野家は没落の憂き目をみた。明治五年、ちか子一八歳の時、海軍士官・桜井昭悳と結婚した。桜井はやがてキリスト教に惹かれて受洗、明治十二年から日本基督教会の伝道に献身する。夫が伝道で留守がちなため、ちか子は英語の勉学を志し、前に述べた神田雉子町の芳英社に入学した。教師は校主・斉藤実堯の妻つねと大学南校教師ウィルソンの妻であった。ちか子は次のように述べている。

学課はウィルソンのリーダーとパーレーの萬国史とでした。或る時、Our Father smiles upon me という句の Father は二番目の字であるのに頭文字で始まっているのはどうゆうわけかと受持ちの教師に聞きましたら、築地の宣教師の処へ行ってきけと言われてカルゾル氏夫妻の教会へ行ってききました。其時「われたる磐よ」という讃美歌を歌いました。これが縁故で小川牧師の新栄教会へ出入するようになり、明治七年にタムソン氏から洗礼を受けました。芳英社で英語の手ほどきをされ、半年位学ぶともう私なども下の組を教へたものです。当時、女生徒は百人位ありました（桜井ちか「英語を学んだ時の苦心」）。

英語学習として必ずしも好条件好環境とは言えないが、天性の聡明さと努力によって英語が上達した。その後、横浜の共立女学校に入学し、半年許り後、ちか子二三歳の明治九年十月、麹町中六番町に家を借りて桜井女学校を創立したのである。

九年十月、東京府に提出した「英女学家塾開業願」（東京都公文書館蔵）に、この女学校のカリキュラム＝教育課程が記載されている。

学科　地理学　裁縫　数学　化学　窮理学　生理学　修身学　経済学
等外三級　ウィルソンプリマー第一読本、綴字及ビ習字、裁縫
等外二級　同右第二読本、コーネル地理書、数学、裁縫
等外一級　カッケンボス文法書、パーレー万国史、数学、裁縫
等内四級　同右第三読本、ガノット窮理学、作文及数学、裁縫
等内三級　同右第四読本、チャンバーモラルクラスブック、カットル生理学、数学
等内二級　ハウスホールドインファンシー、ハウスホールドエコノミー、ホッスル化学書、数学
等内一級　ハウスホールドマネジメント、テーラー万国史、ウェーランド修身書、数学

当時、中学校にあたる漢学塾や英語学校もようやく漢籍の素読、リーダーの読み訳から内容のある学問を理解する学習へ進化するよう教則の改正に取り組んだばかりの時である。進んだ所は窮理（物理のこと）や化学を学びはじめたが、一般には上級になって地理、歴史のテキストを読む

のが精一杯であった。ましてこれまでみてきた地方の女学校は英語数学にまで進まず、裁縫と女訓書を読むことで足れりとしていた。そうした状況の中で英語のテキストで地理、歴史、窮理学、生理学、化学、修身を学ぶカリキュラムをつくった桜井ちか子の慧眼は高く評価できる。さらに裁縫と並んで、欧米風の家政学を取り入れようとしたことも注目される。等内二級からはじまるHousehold infancy＝育児、Household economy＝家庭経済、Household management＝家庭経営は後に日本女子大学校家政学部によって大成された家政学の根幹になる学科である。これらを考量すれば明治九年の桜井女学校のカリキュラムは日本女子教育史上、重要なものであったと言えよう。

その後、桜井ちか子は附属幼稚園をつくったり（十二年十一月）、貧学校をつくったりしたが（十三年四月）、十二年九月、東京府に提出した「高等小学科増加」の願いは桜井女学校のカリキュラムを考えるためにも桜井ちか子の女子教育観をみるためにも重要である。

この願書は桜井女学校に小学校を附設するというもので、十三年四月、開校した。前に示した女学校のカリキュラムは見ての通り、英語の学習が中心で、地理、歴史、生理、化学を学習したと言ってもすべて英語の教科書でやるのだから、これでは日本語のできない子どもが育ってしまう。当時、各地の英語学校で困惑した問題であった。全国的に小学校の就学率が低く、特に女児の就学は極めて低かった。さらに東京には旧時代からの漢学塾や寺子屋がそのまま残り、新しい小学校の設置が進まないという事情もあった。旧秩序が崩壊して貧民窟ができる一方、地方から出世をねらって上京する者も多く、明治十年頃の東京は混沌としていた。こうしたなかで桜井ちか子は英語学習だけの女学校はよろしくないと感じ、日本語による小学校を女学校に附設したのである。

小学校のカリキュラムは前期八級四年、後期八級四年の八年制で、満五歳から入学できる。前期の学科は読方、習字、作文、数学、地理、歴史で、後期になると物理、化学、生理、修身等が加わる。数学もはじめは加減法であるが珠算を加えて次第にむずかしくなる。

「小学科増加」の願書の中で桜井ちか子は自己の教育論を述べている。要約すると教育には三段階がある。人の五感を鋭利にするのが第一段階、事物を推考して彼此を比較する力を養成するのが第二段階、物の理を推論して其蘊奥《うんのう》を究める脳力を強くするのが第三段階であるという。小学校前期が第一段階、後期が第二段階、そして女学校が第三段階に当るのだろう。そう言っているように思える。当時ペスタロッチの教育論がアメリカを風靡していた。桜井ちか子はアメリカの教育学にも接していたようである。

十三年四月、東京女子師範学校出身の芦野晴、茨城師範学校出身の浅井柞《さく》の両名を雇い、麹町区中六番町の桜井女学校に分校小学科として開校した。明治十四年の小学科生徒は男児二名、女児三八名である。カリキュラムからみると近代学校のようにみえるが、小学科を合わせた桜井女学校の実態は大きな女塾のようなもので、午前中、日本語で小学科を学んだ生徒が午後、桜井ちか子や外国人教師にねだって英語を教えて貰った逸話が当時の生徒によって語られている（田村えい「その頃の桜井女学校」）。明治十四年七月、麹町中六番町に校舎を新築し女学校をそこに移し、後事を矢島楫子に託して北海道に移住した。夫の桜井昭悳の伝道に従うためである。北海道では函館師範、札幌師範で教鞭をとったが、二十六年渡米、二十八年、帰国後、東京本郷向ヶ岡弥生町に桜井女塾を開いた。

女傑矢島楫子

桜井ちか子から女学校を託された矢島楫子は校長代理として勤め、明治二十三年、桜井女学校が新栄《しんさかえ》女学校と合併して女子学院になると、初代院長になった。矢島楫子については徳富蘇峰監修・久布白落実編の『矢嶋楫子伝』があって人口に膾炙されている。社会改良家、婦人矯風運動の先達として名が高いが、いまそれらを述べるいとまはない。桜井女学校の教員になるまでの簡単な経歴とその風貌を述べるに止める。

矢島楫子は天保四（一八三三）年、熊本県上益城郡木山町で、郷士の家に二男七女の六女として生れた。三番目の姉、竹崎順子は生涯を熊本女学校校長として女子教育にささげた人物である。また明治大正の文豪徳富蘇峰・蘆花の兄弟は四番目の姉、久子の子、即ち楫子の甥に当る。楫子は二五歳の時、同村の士分の者と結婚したが、酒乱のため決別した。明治五年、長兄の矢島直方が民部省に勤めていたので、それを頼って上京、神田猿楽町の長兄方に寄遇した。やがて教員伝習所に通って教員免状を得、明治六年から東京芝の桜川小学校に奉職した。その後、数年、混沌とした東京での生活はかなり荒れたようである。ある男と恋に落ち、〝不義の娘〟を生んだ。〝運命に翻弄された〟と述べている（『矢嶋楫子伝』）。そうした中で楫子の足は築地のキリスト教に向かい、明治十一年、ミセス・ツルーの紹介で、新栄女学校の教師になったのである。新栄女学校は前に書いたB六番女学校の後身で築地新栄町にあった。桜井女学校と合併して女子学院になるのだから新栄女学校のことは書かねばならぬが、その前に矢島楫子が新栄女学校の教員になり、桜井女学校校長代理になるきっかけをつくったミセス・ツルーについて簡単に述べたい。

矢島楫子

ツルーはニューヨーク州の一寒村に生まれた。米国ピューリタンの家柄で二五歳の時、結婚したが、夫が伝道中死別、その遺志を継いで伝道に生涯を捧ぐべく支那に渡り、次いで日本に来た。そして米国長老教会派の築地バンドに属し同系の新栄女学校の教員になったのである。ツルーは矢島楫子と会って即座に新栄女学校の教員に推せんした。その状況を『矢嶋楫子伝』は次のように伝え

ツルー夫人

ている。明治十一年秋の或る朝、楫子は築地のツルー宅を訪れた。手には煙草盆と長煙管《ながきせる》をたずさえていた。ツルー夫人は留守で夜おそく帰ってきた。空腹をこらえて待ち続けたのは仕方がない。アポイントメントをとっていなかったのだから。早速面接した。楫子の出した条件は①寄宿舎の生徒の世話はするが、食事の世話はしない。②学科は精々やってみる。③月給は現在一〇円（桜川小学校）だから一〇円ほしい。ツルーは全部承知して最後に現在勤務の桜川小学校を退職するのかと問うと、「病気と偽って止める」と答えた。「偽りを言うのか」と詰問すると、「嘘から出た真《まこと》という諺《ことわざ》がある」と楫子は答えた。禅問答のようなこの会談で楫子の新栄女学校の就職が決まった。楫子は机一脚、本箱夜具蒲団を持って新栄女学校の寄宿舎に移ってきた。『矢嶋楫子伝』にはツルー夫人の高潔な人格、識見がよく画かれている。ツルーは日本の女子教育は日本人によってなされねばならないと考えていたようで、自分の身体をはって育て上げた新栄女学校を早く日本女性の手に渡したかったのである。矢島楫子という一ぷう変わった人格の中に教育者の素質を見出したのだと思う。

桜井女学校の校長代理に矢島楫子を促し推せんしたのもツルー夫人であった。ツルーの人格に感化を受け、明治十二年十一月、楫子は新栄教会で受洗した。十四年、桜井ちか子が夫とともに北海道に移ることになったため、桜井女学校校長の後継者問題が起った。ツルーとちか子は同じ米国長老教会の築地バンドに属していたので、この問題をツルーは早くから知っていた。米国長老教会はこれまでも桜井女学校に寄附していたので、これを機に全面的に資金援助をすることにし、ツルーが経営の責任をとることにした。ここにおいてツルーは桜井女学校の校長に楫子を推し、十四年七月矢島楫子は桜井女学校校長代理になった。桜井ちか子が去り、矢島楫子が現われた情況を当時の生徒、山田恒子、後のガントレット恒子は次のように語っている。「私は可愛がって頂いた桜井先生から離れて矢島先生の膝下に入った。桜井先生は小柄な綺麗な方で大きな丸髷に浅葱の手絡、赤い珊瑚の簪が子供心に美しく、その上先生は叱るということはなさらなかった。矢島先生はいわば色黒のずんぐりで髪はいつもおばこで着物は木綿、この上もなく地味であり恐い先生であった。矢島先生がみんなに〝仲よくしましょう〟とおっしゃったとき、私は〝いやでございます。先生は桜井先生のように綺麗でいらっしゃいませんから〟と答えた」(ガントレット恒子「七七年の想い出」)。それから数年たった恒子一四歳の冬、羽織が破れて着られなくなった或る日、楫子から「寒くないの」と問われた。それから数日後、恒子の机の上に草色絹紬の綿入羽織が置いてあった。それは矢島楫子の着物を作り替えたものであった。「私は小さいながら心の中で有難いと感謝したことを今以て忘れられない」（ガントレット恒子「矢島先生」）と述べている。こうして揖子は生徒一人一人の心を掴んでいったのである。

高等普通教育としての桜井女学校教則

矢島楫子校長代理の桜井女学校は米国長老教会の全面的な後援のもと、マリア・ツルーの経営指導で拡大していった。明治十七年九月、米国よりミス・ミリケンを招き、女学校内に幼稚保育科を設置、十九年にはさらに看護婦養成所を併設した。また学資金のない女子のために別科として洋服裁縫を教える職業女学校を明治二十一年に開設した。それらを含めてその年の生徒は三二五人を数えるようになった。このように桜井女学校は手足を拡げた各種の女子教育を活発に行ったが、本来の女子普通教育を忘れたわけではなかった。すでに述べたように明治九年、桜井女学校を創立した時に先進的なカリキュラムをつくっている。明治二十一年、これまでの経験と女子教育の実績を踏まえたカリキュラムをつくった。明治二十一年六月、校長代理矢島カヂの名で「私立桜井女学校改正願」が東京府に提出されている。

「改正願」は冒頭、「本校ハ満一四年以上ノ女子ヲ教育シ専ラ其徳性ヲ涵養シ知識ヲ開発シ家事経済児童教育ノ良法ヲ習得セシムルヲ目的トス」とうたい、課程を第一部学期四年、第二部高等部学期二年とし、「第一部第一年級ニ入ヲ得ベキ者ハ高等小学科程ヲ卒業セシ者若クハ之ニ均シキ

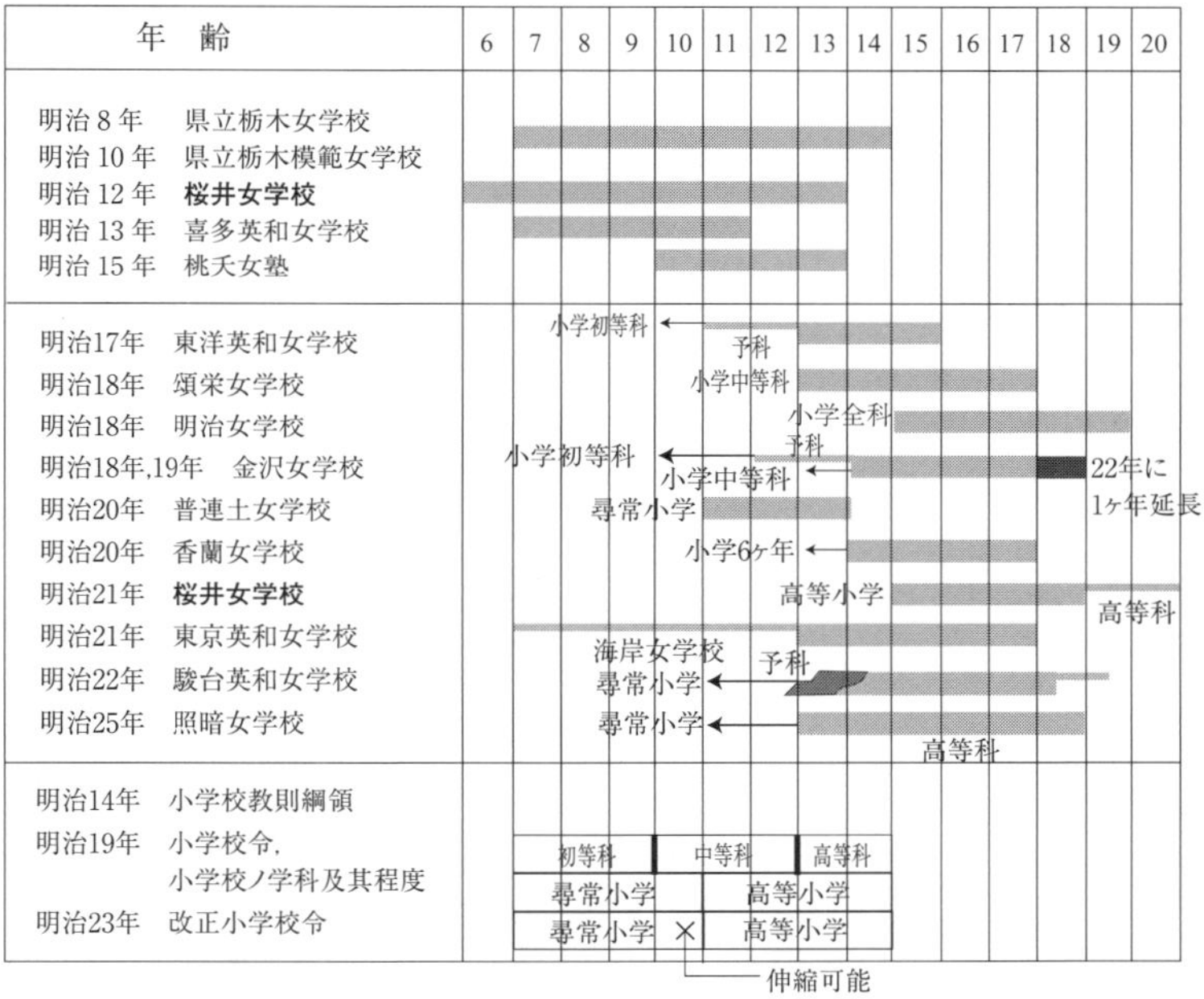

女学校の入学資格、修学年限一覧
明治 20 年前後のプロテスタント系女学校を中心として

学力ヲ有シ及英語ナショナル第四読本ヲ学ビシ者若シクハ之ニ均キ学ヲ有スル者トス」としている。この満一四歳以上、高等小学校卒業という桜井女学校の入学資格について考えてみよう。

第一回の桜井女学校教則の入学資格は満五歳である。それは開校当初、入学生の年齢がまちまちで、初学者もやや進んだ高級者も混在していたからである。それを試験によってふるい分け、下級、上級のクラスをつくった。初等課程から中等課程まであったわけである。しかるにそれから一〇年の歳月を経て、生徒の学力は初等課程

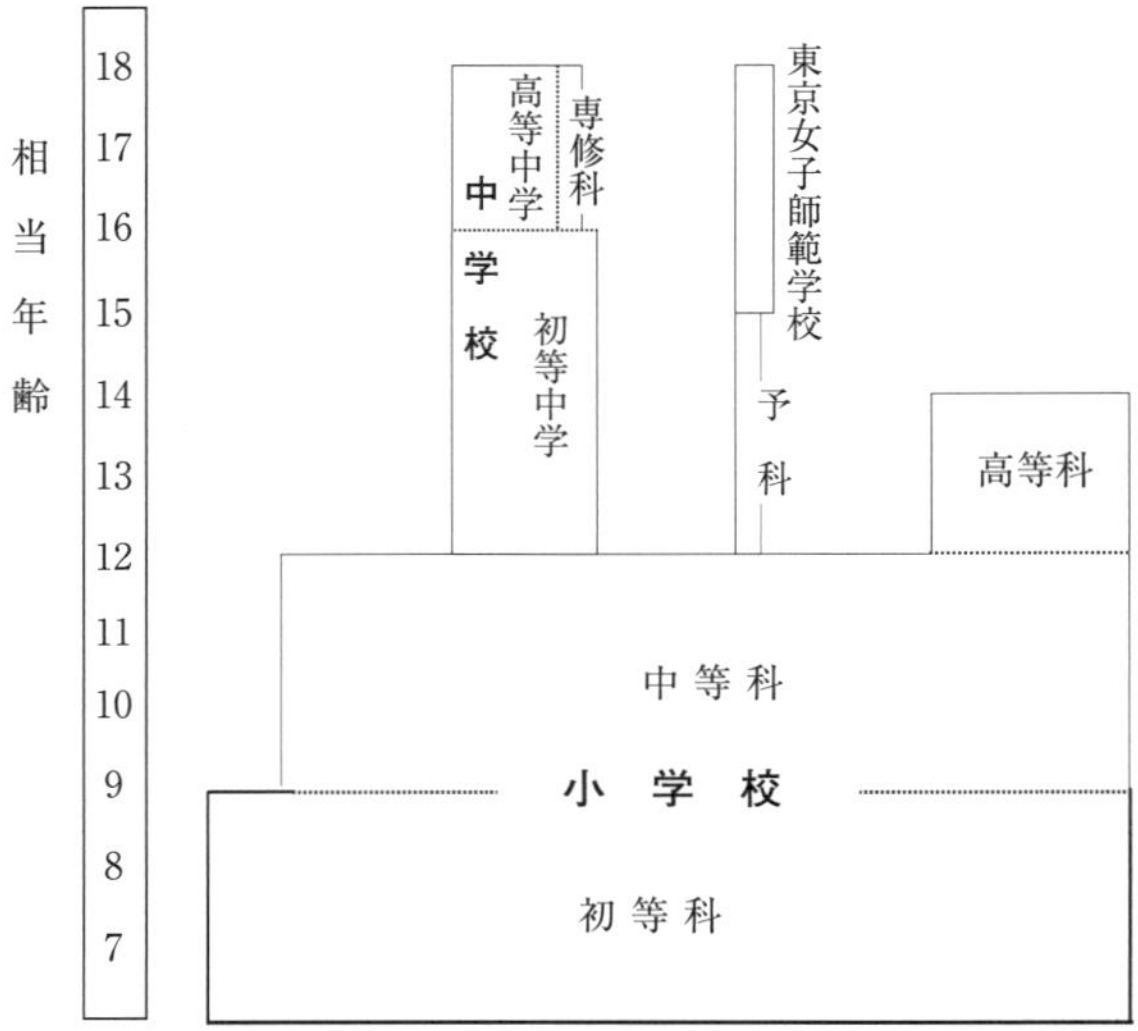

明治 14 年「小学校教則綱領」「中学校教則大綱」体制

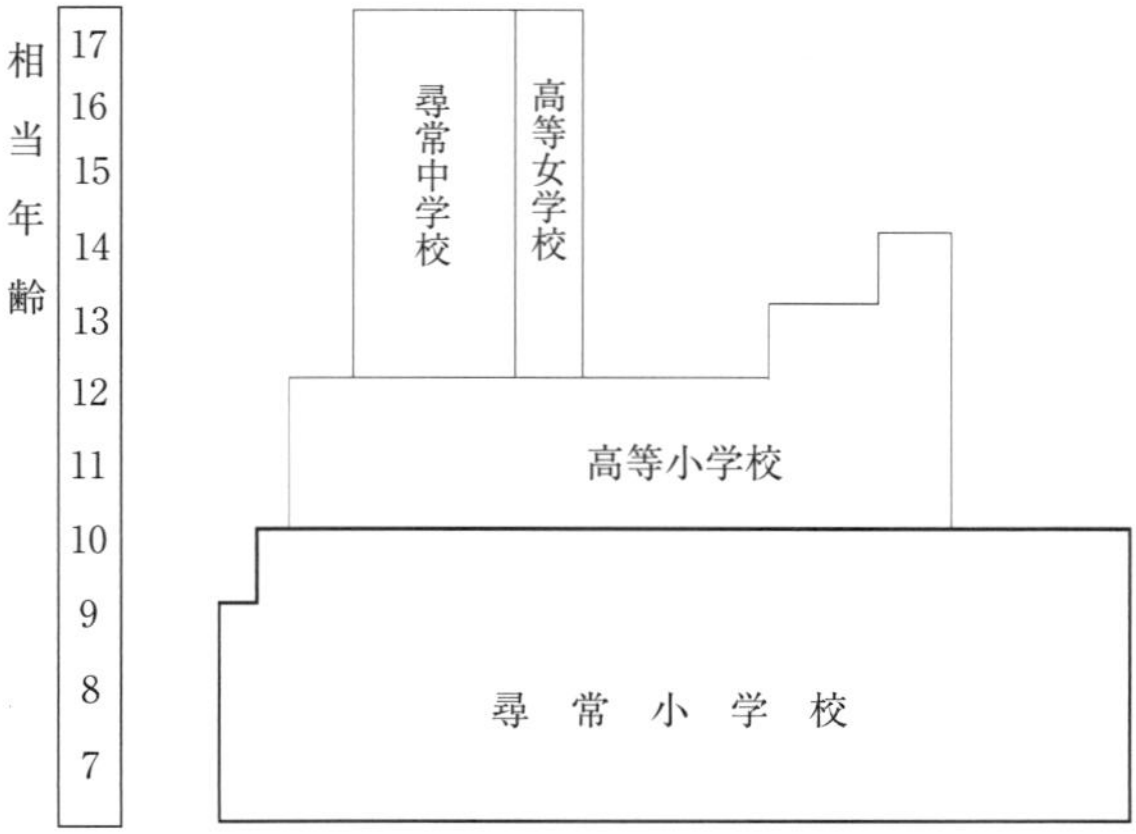

明治 19 年「小学校令」「中学校令」体制

を終わり、中等課程に入って、今や高等課程を窺う者まで現われたのである。この一〇年間は日本全国の教育関係者が、初等・中等の教則＝カリキュラムに関心を持ち、各自独特の教則を試案し、試行した時期なのである。しかしそれは小学校と男子系の中学校で、女学校の教則は極めて限定されていた。文部省は全国まちまちの教則に規準を持たせるべく明治十四年、「小学校教則綱領」「中学校教則大綱」をつくった。これによって小学校中学校の学科と修業年限、就学年令の標準が示されたのである。そしてこれによって小学校から中学校へ進学する学力と年齢に凡その標準ができたのである。

「小学校教則綱領」「中学校教則大綱」を実施してみると若干不都合が起った。明治十九年「小学校令」「中学校令」の公布を機に学校令に附随する「学科及其程度」（教則）をつくって、その不都合を修正した。小学校から中学校への進学に絞ってみると十四年の「教則綱領」「教則大綱」では小学初等科三年、中等科三年、高等科二年で小学校から中学校への進学は中等科修了、標準年齢一二歳である。十九年の「小学校令」「中学校令」とそれに附随する「学科及其程度」では尋常・高等各四年制の小学校から尋常中学校第一学年に入学できる資格は満一二歳以上で尋常中学一年生の学習に堪える者である。であれば、最底、高等小学校二年終了者でなければならない。桜井女学校の改正教則が入学資格を満一四歳以上、高等小学校卒業としたのは、桜井女学校の学習レベルを男子系の尋常中学校以上、少なくとも尋常中学校と同レベルとしたからである。学科や使用教科書からみてもレベルの高さが窺えるが、明治二十年前後のプロテスタント系女学校カリキュラムを比較検討してみると多くは小学中等科、高等小学校か、中学初等科レベルで、尋常中学校に肩を並べられる女学校は極めて少ない。その少ない中で、高等部まで持つ桜井女学校のカリキュラムは異彩を放っていた。

学科課程をみよう。課程は四年制の第一部（仮に普通部と言っておこう）とその上につく二年制の高等部からなる。普通部は国語と英語で授業し、高等部はすべて英語で授業する。普通部の学科は聖書、国語漢文、英語、歴史、数学、習字図画、唱歌音楽、裁縫編物の八科目を基本とし、上級にゆくに従って博物、修身、地文、天文、教育法が加わる。右のうち英語のテキストを英語で教えるのは聖書、博物、修身、天文の四科目である。高等部は聖書、文学、歴史、論理学、哲学、心理学、家事経済、体操を必修とし、音楽（洋琴《ピアノ》、風琴《オルガン》）、画学（墨画、水彩、油絵）、外国語（ラテン語、フランス語、ドイツ語）を選択科目にしている。

桜井女学校の新課程は二十一年の九月から実施された。その高等部は女学校はじめての高等教育であるため、教育界の耳目を集めた。同年九月十七日の『女学雑誌』は次の如く報じている。

桜井女学校は今度いよいよ築地四二番の女学校と気脈を通ずることと相成り差当り上等の級は之を合して桜井女学校内にて教授することとし、尚ほ同校内に新たに高等科といへるを

設け各女学校の卒業生徒をば更に教導せらるると聞及べり（『女学雑誌』七六号）

築地四二番の女学校とは築地の新栄女学校のことである。桜井女学校と同じ米国長老教会Presbyterian Church に属し、財政援助を受けながらB六番女学校になり、ヤングマン主導による新栄女学校になった（前述）。熱烈な伝道者であるヤングマンは女子伝道学校を併設して活動したが本来の新栄女学校の経営、教育も怠りなく、桜井女学校と肩を並べて繁栄した。明治二十一年の教員数一四名、生徒数一三五名である。桜井女学校の高等部開設に応じ、新栄女学校の上級生をそこに移すというのである。キリスト教ミッション系の女学校がいずれも上級生を桜井女学校高等部に入学させようという気運であるから同じミッションの新栄女学校が寄り合うのは自然のなりゆきである。これが契機となって桜井女学校と新栄女学校は合併することになった。明治二十三年九月、両校は合併し、麹町区上二番町に校舎を新築し、校名を女子学院に改めた。初代院長には矢島楫子が就任した。女子学院は私立の女子高等普通教育の最高峰として発展した。おわりに高等部のその後について述べておこう。二十三年以後、女子学院の高等部として存続したが、大正四（一九一五）年、女子学院が高等女学校令に認可されると、高等部は制度上、枠外にはみ出るようになった。折から盛んになった女子専門学校の枠にもはまらない。高等部は教養学で一定の専門学ではない。高尚な教養学としての高等部として併設されていたが制度上は居心地が悪い。そうした状況の中で東京周辺のキリスト教主義女学校の専門科を糾合して新大学をつくろうとする運動が起った。やがてキリスト教主義無教派連合女子大学の構想になり、大正七年、東京女子大学が創設された。女子学院の高等部は新宿角筈《つのはず》の分校敷地とともに東京女子大学に統合され、新しい女子大学の中核になったのである。

参考文献

入江宏『栃木県の教育史』
池田雅則「栃木県における「中学校」をめぐる動向」（神辺靖光編『明治前期中学校形成史』府県別編Ⅲ）
『栃木県学事年報』明治十三～十八年（『文部省第八年報』～『同第十三年報』）
『徳島県学事年報』明治十三～十八年（『文部省第八年報』～『同第十三年報』）
三好昭一郎・大和武生『徳島県の教育史』
『京都府教育史』上
『京都府百年の資料』五・教育編
『京都府学事年報』明治十四～十八年（『文部省第十年報』～『同第十三年報』）
『東京女子高等師範学校六十年史』
『女子学院五十年史』
『女子学院の歴史』

都史紀要九『東京の女子教育』
徳富蘇峰監修・久布白落実編纂『矢嶋楫子伝』
神辺靖光「教育課程からみた明治二十年前後の私立女学校」（『東京立正女子短期大学論叢・創立記念号』一九六六年）

九　裁縫手芸系の女学校

はじめに

平成になってから〝お裁縫〟の言葉は死語になったが、明治・大正・昭和を通じて〝お裁縫〟は女子教育を語る時、離すことができない言葉であった。良家の娘が近所の裁縫師匠に裁縫を習い、主婦ともなれば家族の衣服を整える習慣は江戸時代に胚胎した。明治期には学校教育で、特に女学校で裁縫が教科の中で重視され、昭和戦前期まで裁縫は普通の家庭の主婦の教養として拡まった。

明治前期はこれまで個別に裁縫師匠で習った裁縫を学校という集団授業の中でどう学ばせるか苦心した時期である。

本書のはじめに、西国のいくつかの藩で武家の子女に裁縫を主とする女学校ができた例や東京や京都で勧業のため、または遊女厚生のための女紅場ができた例をあげた。そこでは勧業や遊女厚生を目的としたため、裁縫とはいうものの、養蚕機織《はたお》りまで含む広範な技術教育になった。本章で扱う裁縫教育は一部、勧業のための機織りも残るが、女学校の教科としての裁縫教育をどのようにしてつくりあげたかを示す過程である。

明治五年の「学制」は欧米の学校制度を範としたから男女平等をタテマエとし女子のための授業を組まなかった。東京や開港地ではじまったキリスト教系の女学校はそれでもよかった。しかし一歩地方の城下町や農村部に入るとそうはいかなかった。〝女児を男児と一緒に学ばせるわけにはいかない。〟こうして女児小学というものができた。女児小学とは言うものの、文字通りの女児ではない。嫁入り前の娘に裁縫を教える女学校であった。文部省もこうした実態から眼をそらす訳にもゆかず、明治十二年の「教育令」では「女子ノ為ニハ裁縫等ノ科ヲ設クヘシ」とした。

かくして各地に裁縫女学校ができはじめたが個別指導であった裁縫を学校という一斉授業で行うようになると特殊の知識技術を持つ教師が必要になる。ここに渡辺辰五郎という天才的教師が現れて各地の女学校、女子師範学校で裁縫を教え、教具教材をつくった。渡辺は私立東京裁縫女学校（現東京家政大学）を創立し裁縫教師の養成に尽した。

一方、官立女子師範学校の数学教師であった宮川保全は教育方針が二転三転する同校を嫌い、女子師範の何人かと語らい、文部省関係の服部一三、手島精一とともに共立女子職業学校を創立した。これからの日本の女性は経済的に自立せねばならぬ、それには裁縫を主とする手芸の専門家・職業人にならねばならぬという趣旨である。こうして裁縫の女子専門学校（現共立女子大学）ができるのである。

石川県金沢の女児小学

明治五年の「学制」章程に「女児小学」の名があることから、教育史研究者の間で明治初年に女児小学という小学校がどこかにあっただろうという認識はあった。しかしどこにそれがあったのか、またそれはどのような小学校であったかという実態は杳《よう》としてわからなかった。しかし平成になってから髙野俊氏が女児小学を全国的に調査し、それが明治初年の一時期、ほぼ全府県に点在していたことがわかった。髙野氏の『明治初期女児小学の研究』によってその実態の一端を示そう。

女児小学は「女児小学」のほか「女学校」「女児学校」「女小学」「女子小学」「女校」「手芸学校」等の名称で、各府県に展開していた。ただし府県の全域に展《ひろ》がっていたのではなく、人口稠密な地域に片寄っていた。女児だけの学校で裁縫手芸の学習を主としたところは前に述べた正貞女紅場に似ている。髙野氏が特に詳述した石川県と千葉県の女児学校の実態を略述しよう。

明治六年二月、石川県金沢松原町に、金沢全町民の共同維持による〝石川県女小学校〟が創設された。五月には〝石川県第二中学区松原女児小学校〟と校名を改めた。石川県で最初の、日本でも早期にできた公立女児小学校である。女児生徒は忽ち集まり、七年には四五〇人にもなった。この時期に一学校に四五〇人もの女生徒が就学したというのは考えられないぐらいの異常な事件である。しかしながらこれより三年前の明治四年十一月、金沢中学校が盛大な開校式典をあげた時、中学小学生徒、来賓教職員三、一七六人が集まってシャンパン、ビールをあおり祝砲を轟かせたと記録されているから（「中学校開館式大綱・金沢学校改正規則」）、金沢の異常な教育熱からみて女児生徒四五〇名もあながち誇張でないと思う。

さて、松原女児小学校はさらに女生徒がふえた。そこで止むなく県は金沢賢坂辻の民家を借りて賢坂辻女児小学校を開設し、六〇名の女生徒をそこに移した。その後、県と女教員の間にごたごたが起ったが（この騒動はわずらわしいから書かない）、女児小学は盛んになる一方で、県は十年六月、金沢髙岡町に校舎を新築し、松原女児小学校をここに移して婉静小学校と改称した。明治十八年には髙岡町女児小学校と改称、以後、小学校令、同令改正によって高等科髙岡小学校等の名称に変わったが、明治末年まで女児だけの小学校たることを曲げなかった。

明治初年、学校というものができたばかりのこの時期にたくさんの女子が、小学校に上がりたがったという金沢の風土はまことに面白い。これには次のような事情があった。金沢を居城とする百万石の加賀藩は幕末から藩校を改革して西洋式の学校に変えつつあった。戊辰戦争でははじめ幕府側についたが降伏して新政府に協力することを誓った。それには新政府が力を入れている教育改革をすすめることだと考えた加賀藩は、これまであった壮大な藩校を西洋式の学校に改め、当時、日本一規模の大きい科学的な中学校をつくった。ところが、政府の方針は中学校は先の話で、すぐ始めなければならぬのは全国の子どもを教育する小学校であった。これを諭すため、文部省はわざわざ係官を金沢に派遣している。しかし石川県の学務官（旧加賀藩士）はその意味がわからない。あくまで新中学校に金をかけて立派な中学校にすると主張した。政府は業を煮やして、小学校推進派の桐山純孝を石川県参事に送り込み、旧藩校中学校推進派の学務係を罷免した（拙著「明治初期・石川県の学校設置問題」）。以後、石川県は桐山参事主導のもとに小学校の設置に全力をあげ、低かった小学生の就学率もぐんぐん上がり、明治十年には男女小学生の就学率が日本一になったのである。松原女児小学校をはじめ、金沢の女児小学が盛大になってゆくのは、桐山参事の小学校拡張時期と重なるのである。

それでは松原女児小学校はどのような学科を教えたのだろうか。開設された当時は〝読書・筆算・裁縫・修身口授〟で、その学科内容も修業年限も漠然としていたが、明治十一年に「女児小学教則」を編成し、文部省から認可された。それによると修業年限を下等八級四年、上等八級四年の全八年一六級制とし、学科を口授（修身のこと）、読法（国語読方のこと）、作文算術、習字、画学、諸礼式、手芸、嬉戯の九学科とした。諸礼式は父母舅姑に事《つか》える心得その他女の心得である。裁縫は手芸と名称が変わって素縫、雑巾縫からはじまって小児単物・子供帯・木綿類大人単衣物と次第に難しくなる。嬉戯は子どもとの遊び方である。女児小学としての特徴は「手芸」（裁縫）にあるが、金沢の「女児小学教則」に「諸礼式」が加わった。

手芸を教えるにはテキストがなくても実物教育でできるが、女の生き方を教える「諸礼式」では『女庭訓往来』のような往来物をはじめ、『女四書』『女誡』『女実語教』『女孝経』のような教科書が必要であろう。やがて明治の新時代に即した『女のさとし』や『教女軌範』のような教科書もでるが、『女実語教』のような女訓書は武士の家か、豪農、豪商層でなければ置いてなかったのである。金沢の女児小学が早い時期から「諸礼式」を授業に取り入れたことは金沢が士族によって占められた特殊な大城下町であったからである。恐らく松原女児小学校をはじめ、金沢の女児小学は士族の娘で占められていたのであろう。さらに言えば、母に裁縫を習い、或は近所の〝お針屋〟で習って嫁入りの〝資格〟を得るのも実は武家または上層農民の娘であって、国民の大多数を占める中層下層の農民の娘たちは家事・子守、農作業の手伝いがいそがしく、裁縫の稽古をする暇など全くなかったのである。金沢の女児小学は近世武家の娘の教育を明治の新時代に適応させたものであった。松原女児小学校は開設当初から女子の教員が充実していた。この女教員たちも士族の妻女たちであった。前述の如く県は女子師範学校を早くから設置して女児小学の育成に備えていたのである。

千葉県の「女児小学教則」と長南小学校、鶴舞小学校の裁縫授業

石川県と並んで、女児小学が繁盛したのが千葉県である。ただし「女児小学」と銘打ったのは佐倉の「鹿山女児学校」だけで、他はすべて通常の小学校の名称のまま、女児の裁縫教育を盛ん

にしてすぐれた「女児小学教則」をつくり、裁縫の授業をつくり上げた。まず明治初年の千葉県、房総の事情を語ろう。

房総の地は天領（徳川の直轄地）が多く、大名は佐倉の堀田藩一一万石、古賀の土井藩八万石のほかはすべて一、二万石の小大名であった。よって城下町らしいのは佐倉だけで、あとは農民・漁民・商人等が住む町と村々であった。慶応四（一八六八）年、江戸城が官軍に接収されると旧幕府の武士は関東各地でゲリラ戦を起すが房総にも多くの幕臣がなだれ込み、各地で官軍との小競り合いを起した。だが、やがて平定。次いで徳川家の駿河移封のため、駿河遠江の大名が数多く安房、上総《かずさ》に移住してきた。そして廃藩置県。房総の旧大名は佐倉の堀田家以外は全く影が薄くなった。これに対し在来の農民、漁民、商人たちは元気になった。旧来からの農作物、水産、醤油・味淋等の食品類の生産は順調で、東京という大消費都市が近くにあるので売ればいくらでも儲かった。廃藩置県後、房総の地は安房・上総一円を管轄する木更津県と下総《しもうさ》九郡を管轄する印旛《いんば》県と下総三郡の新治《にいばり》県の三県だったが、明治六年にはこれらが合併して現在の千葉県になった。三県分立時代は過渡期であったので、いずれも行政がうまくゆかなかったが、千葉県になると旧木更津県権令の柴原和が権令になって腕を振うようになる。柴原は中央政府の意向に忠実な官僚的、開明的な行政官で以後九年間、房総にあって民衆を開明に導いた。小学校の普及、女児小学の発展はこの柴原行政のもとでおこなわれたのである。

明治六年四月、佐倉藩校成徳書院のあった地に、近くの鹿嶋山の名に因んだ鹿山精舎《ろくざん》という旧佐倉藩士族の学校ができた。その側に鹿山女児学校がたてられた。これは士族の娘達がゆく女学校である。明治七年には九三名の、八年には一一二名の女生徒がいたから開校早々に動きはじめたのである。

女児小学の名称は使わなかったが、女児小学の実績をあげたのが埴生郡（現在は長生郡）の長南小学校と隣接する市原郡の鶴舞小学校である。このあたりは現在の茂原市に近く、房総半島のつけ根に当り、九十九里平野の中央部である。長南小学校のある長南宿は上総から江戸へでる大多喜街道の宿場町として栄えた町人の町である。鶴舞小学校は旧鶴舞藩六万石の本拠地だが、鶴舞藩は徳川家の駿河移封のとばっちりで遠州浜松から移ってきた井上家の仮陣屋があるだけで、城下町とは言えない。士族は五％で、あとは平民ばかりの庶民の町であった。この長南宿と鶴舞の地に明治六年、長南小学校と鶴舞小学校が開設されたのである。

長南小学校は天照寺という寺院を借りて、鶴舞小学校は旧藩主・井上氏の邸宅の一部を借りて開校したのだが、忽ち多くの生徒が集まった。女生徒も多い（長南・明治七年八名、八年二九名、鶴舞・明治七年二九名、八年六八名）。この二校だけでなく千葉県の小学校は一般に女生徒の就学が多い。漁業でも農業でも男達に交って働くことの多い房総女性の活発性に起因するのであろう。

文部省が男女平等の教育をうたい上げたためであろうか。文部省作成の「小学教則」（明治五年九月）をみると男児用女児用の区別がない。各府県は、これを真似て、簡略に、また程度を下げた教則をつくった。千葉県も同様に簡略化した千葉県用の「小学教則」をつくったが、女子就学者の多さをみて、これを廃止し、明治九年、新たに「小学定則」をつくった。その中に「女児小学教則」がある。「定則」は「学制」の「小学教則」にならって下等小学四年八級、上等小学四年八級で下等小学は男女同一の課程だが上等小学になると男女の教育課程が別になる。その女児の課程が「女児小学教則」である。八級の読物論講、問答、作文、算術、習字にはじまり、七級から日本地誌、地理、日本史、博物等次第にむずかしい学科が第一級まで並べられているが、全級を通して裁縫が毎週六時間ずつ課されている。これが女児小学教則たる所以である。そして最下級の八級は「裁縫器械雛形ヲ示シ運針縫方ヲ教フ」と注記されており以後「袖口袖形、裙《つま》ノ縫方ヲ教フ」（第四級）、「裁方、仕立方ヲ教フ」（第二級）と次第にむずかしくなる。しかし、これまで母親が家庭で教えたような、またはお針屋で二、三人の娘を教えたような個別指導の方法が、多数を一斉に教える学校教育に適応できるであろうか。長南小学校も鶴舞小学校もこれを教える教師がいなかった。しかるにここ長南宿の戸長役場にある知恵者があり、宿の近傍で娘を集めて裁縫塾を開いている者がいる。その者はかつて江戸の仕立屋で奉公した者で教え方が上手と聞く。かの者を女児小学の裁縫教師にしたらどうかと進言した。裁縫授業に窮していた長南小学校は早速、裁縫塾の師匠・渡辺辰五郎を女児小学の裁縫教員に任用した。長南小学校の裁縫教員になった渡辺は長年の仕立屋修業で鍛えた知識と技術を駆使して、雛形尺（縮尺）を考案し、また一斉授業に用いる「裁縫教授用掛図」をつくり、長南小学校女児小学の裁縫授業を軌道に乗せ成功させた。噂を聞いた近くの鶴舞小学校でも、ぜひ来て貰いたいということになり、渡辺は鶴舞小学校の兼任教員になった。かくして千葉県上総の長南、鶴舞の二つの女児小学裁縫授業は成功裏に進展したのである。明治十二年の「教育令」で「女子ノ為ニハ裁縫等ノ科ヲ設クヘシ（第三条）」と「学制」の「小学教則」を修正したのは女児の裁縫授業が全国的に拡まっていたからである。

渡辺辰五郎と和洋裁縫伝習所

千葉県上総の長南と鶴舞の二つの小学校で裁縫の授業を成功させた渡辺辰五郎とは如何なる人物であろうか。彼は千葉県長生郡長南町に生まれた。安政六年、一六歳の時、江戸日本橋の仕立屋鳥居清吉に徒弟奉公に出され、明治元年二五歳で年期奉公を終って故郷の長南町に帰り裁縫の私塾を開いた。教え方が上手だとの評判がたって渡辺の裁縫塾は忽ち賑わった。前述した如く明治六年、この地に長南小学校と鶴舞小学校ができて、ともに裁縫の女児小学を開設した。しかし裁縫を教える教師がいなくて難渋した。この時、渡辺塾の噂を聞いた戸長役場の吏員が渡辺を推せんして長南小学校の、次いで鶴舞小学校の裁縫授業が動きだしたのである。明治七年、渡辺三一歳の時であった。

明治十三年、千葉女子師範学校ができた。校長の那珂通世は渡辺のことを知って、渡辺を女子師範学校の裁縫教師に任用した。次いで、翌十四年、那珂が官立東京女子師範学校の校長になると、那珂は〝才能ある人を田舎に残して置くことの惜しさに〟渡辺を東京女子師範学校の裁縫教師に任用した。ここにおいて渡辺式の裁縫授業法は卒業生を通じて全国に伝わっていったのである（渡辺辰五郎葬儀における那珂通世の弔辞）。

那珂校長が〝田舎に残して置くには惜しい〟と言った渡辺の才能は学校における裁縫授業の開発であった。これまで裁縫は家庭で母親が教えるか、または裁縫上手な女性が教える裁縫塾（関東でいうお針屋）の個別指導である。ところが、明治になるとこれを学校で、多数の生徒を同時一斉に教えねばならなくなった。大勢の生徒を同時一斉に教えるこの方式に旧来の裁縫塾師匠は適応できなかった。明治七年、堺県が県内に公立女紅場を張り巡らそうとした時、旧来の裁縫稽古所を廃止したのは（後述）個人指導では大勢の生徒を同時一斉に教えられないと察したからである。

渡辺辰五郎

渡辺は明治十年『裁縫掛図』を著した。こ

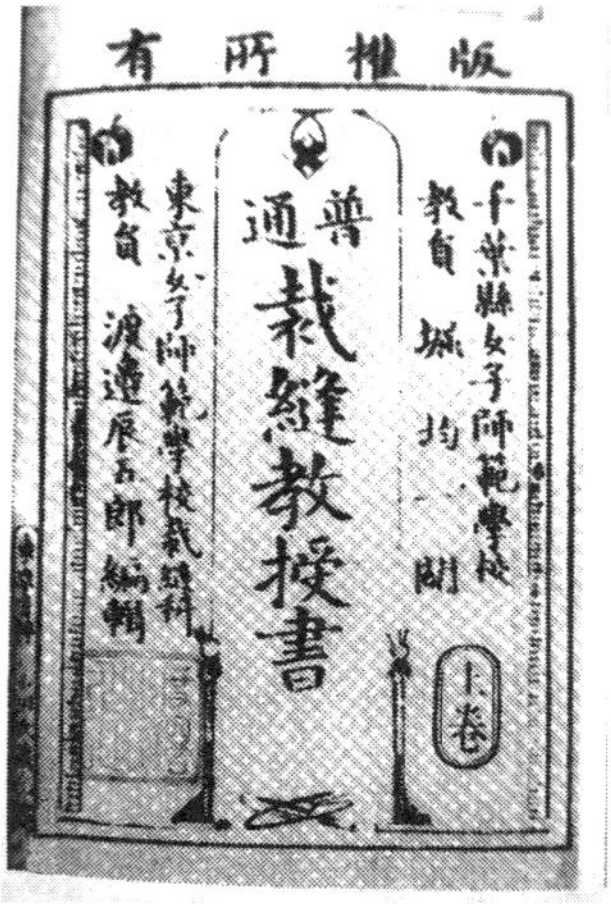

普通裁縫教授書

の掛図は千葉県庁を経て文部省に提出され、教育博物館に陳列された。学校の教具教材が出揃わない時期で、この掛図は珍重された。長南小学校の裁縫一斉授業に立ち合って掛図の有効性がひらめいたのであろう。これ一つをとってみても渡辺のただならぬ直感と思考力がわかる。千葉女子師範学校の教員になってからは『普通裁縫教授書』上中下三冊（明治十四年）、さらに、ここに述べた積《つも》り方と裁《た》ち方を理解させるための練習書として『普通裁縫算術書』（明治十五年）を続刊した。布、織物などの生地を人体の部分に合わせて裁《た》つ。その見積りを計算する。若年の頃の仕立屋修行が役立ったであろうが、それを当時の算術で解き明かした渡辺の才覚は尋常のものではない。これらは最良教科書として全国に普及した。

明治十九年、渡辺は東京女子師範学校を辞任し、後に述べる共立女子職業学校（現共立女子大学）の創立にかかわるが、後半生は私立東京裁縫女学校の育成に全力をあげた。以下にこれを述べよう。

明治十四年、東京女子師範学校の教員になった時、渡辺は近くの東京本郷区湯島に移住し、その自宅に裁縫塾を開いた。やがて塾生が増加したため、十七年、住居を同じ本郷区東竹町に移し、裁縫塾を和洋裁縫伝習所とした。洋式女性服の流行を睨んで和裁だけでなく洋裁も加えようとしたのである。二十五年、教授科目に修身、家事、教育などを加えて私立東京裁縫女学校と改称したが、世人は〝渡辺裁縫女学校〟と通称した。生徒はさらに増加し、収容し切れなくなったので明治三十二年、本郷区東竹町の本郷教会を購入して校舎を増改築した。三十三年、子息の渡辺滋を欧米服研究のため米国へ留学させ、シカゴの裁縫学校で学び、次いでヨーロッパ各地を巡遊、服装を研究させた。三十六年、渡辺は『婦人改良服裁縫指南』を著し、その後も裁縫教育の研究会、講習会を数多く開催した。彼の〝裁縫教科書〟は数十万部に達したという。明治四十年、永眠した。東京裁縫女学校は渡辺滋に引きつがれた。今日東京板橋区にある東京家政大学である。

渡辺辰五郎私塾「和洋裁縫伝習所」
（本郷区東竹町）

明治四十三年刊の『女子東京遊学案内』（博文堂）は「渡辺学校と言えば何人も裁縫学校なることを連想する」「教授方も痒い処へ手が届く如く反復丁寧を極む。

随って生徒間の気受も頗る好評判」と讃辞を呈している。卒業生は四、五〇〇名、「中等教員試験に合格せる者亦頗る多し……地方にては高等女学校及び女子師範より小学校に至るまで五〇〇余名、教鞭を執り何れも評判良しが如し」とされた。筆者も昭和四〇年頃まで、〝渡辺裁縫女学校〟の卒業生と誇らしげに語った老女を何人か知っている。

大阪府の女子手芸学校と堺県の女紅場・女校

大阪は戊辰戦争のはじめ、一時、軍事拠点になったが、すぐに商業都市にもどり衰微することはなかった。摂津の東部が大阪府になり、河内・大和・和泉の地が堺県になった。大阪府は明治六年、早くも小学区を設けて小学校の普及に乗り出し、七年一月、「女工学規則」を出して、下等小学卒業の女子に裁縫を教えることにした。「学制」は男女平等をうたっているから、「小学教則」は「綴字、習字、単語読方、算術」などで、裁縫はない。しかしこれまでの習慣で、まともな家庭の女子は裁縫を習うのが常識になっていた。大阪府の「女工学規則」は、嫁入り前の娘に裁縫を教えるということで女子の就学率を上げようとした策であった。この女紅場は小学校に併置されたものであったが、明治九年までに公立私立合わせて一一五校が増設され、在学女生徒は一、三三三名の多きを数えた（『明治九年・大阪府学事年報』）この年の全国小学校女児生徒の就学率はやっと二〇％に達したばかりである。これに対し大阪府の女児就学率は五二％である。異常に高いこの就学率は女紅場によるものと、考えねばなるまい。明治十年、大阪府は女紅場の名を女子手芸学校に改めた。

大阪の女紅場→女子手芸学校には京都祇園にできたような遊女女紅場も含まれていた。大阪市中の新町・北新地・堀江・新堀・五花街などの女紅場は花街の芸娼妓を対象とするものである。明治十一年二月に難波新地に三、七〇〇円の寄附金を募ってつくった女子手芸学校もその一つである。これは大阪府知事・渡辺昇の肝煎りでできたらしく、開業日の二月十五日には渡辺知事及び日柳《くさなぎ》学務課長列席のもとに盛大な開業式が行われた。その様子を二月二十日の『朝野新聞』は次のように伝えている。

〝その日、朝から学校より戎橋《えびすばし》南詰まで、道の両側に紅燈を釣り、また芸妓の名を書いた大提燈を掲げ、芸妓舞子が晴々と着飾って八〇〇人ばかり左右に居並ぶ中に渡辺知事と日柳課長が来場、学校二階の百畳敷を会場として式が行われた。……式後、「婦少ノ道ヲ全クシ治家ノ法ヲ知ラシムル為メ手芸学校ヲ設致候之段神妙ノ至リ」と知事から褒美として学校取締りに一円二五銭、世話掛らに一円ずつ下された。こんなことは「東京にはまだ有りませんね」〟と『朝野新聞』は冷かし半分に書き立てている。もともと商人の街であり、西南戦争終結後の繁盛をねらってくる商売人目当の景気づけでもあったろう。しかしその年の暮には〝遊郭の女子手芸学校はこれまで試験がないから、今後、試験をきびしくして裁縫技術を高めねばならぬと協議中〟との新聞記事があり

（十二月五日『郵便報知』）、また従来あった裁縫塾を市内公立の女子手芸学校分校にして学務課の監督下に置いたりしているから、大阪府の女子手芸学校振興策は生半可なものではなかった。

堺県では明治七年五月、堺の中央、甲斐町に中央女紅場、南旅籠町に東女紅場、竜神橋通に西女紅場、寺地町に南女紅場、宿屋町に北女紅場の計五箇の女紅場をつくった。教員給料を主とする年間予算は一、八〇〇円である。開校に当って次を掲示した。

夫れ一家の盛衰ハ妻女の良否に依なれば、幼年ヨリ予《あらかじ》メ夫ヲ助ケ産業ヲ興スル道心掛ル事肝要なれ。依テ爰ニ女紅場を開き其道を教へしむる中へ、女子たるものハ厚ク此意ヲ守リ今より無益の遊芸を抛《なげう》ち、日々此場に入、裁縫紡績ヨリ修身容儀飲食の事ニ至ルマテ相応に習熟いたし、嫁して後悔せざるよう諚と相励むへきモノ也

同年九月には「私ニ裁縫指南致居候者本月三〇日限り廃止可致事」と旧来の裁縫稽古所廃止を命じている。

堺県の河内和泉の地は近世後半期からの新田開発で水田のほか畑地が拡がり、気候や土地に適する作物として木綿《きわた》が栽培された。収穫された綿は実綿《みわた》のまま、あるいは核をとった繰《くり》綿として大阪の問屋や綿商人に売りだされ、また一部は木綿布《もめんぬの》に織られた。幕末、和泉で織られた木綿布

泉州の下機（左）と太鼓機（右）

は年間二〇万反といわれた。河泉地帯では綿織業のマニュファクチュア＝工場制手工業がはじまっていた。これを促進したのは明治三年、堺戎島《えびすじま》にできた堺紡績所である。これは薩摩藩がつくったものだが廃藩置県後、政府の経営に移された。堺県が、県下の女性に〝一家の盛衰は妻女の良否にあり〟とし、〝産業を興すを心掛けよ〟〝女子たるもの女紅場に入り、裁縫紡績を習熟せよ〟と激励したのは、従来の家内工業的紡績業を盛んにし、さらに進んで近代的機械綿織業の働き手として女性に目をつけたに相違ない。明治十年代に大阪紡績会社が、二十年代には泉《せん》州紡績会社、岸和田紡績会社がおこり、この地は〝東洋のマンチェスター〟と呼ばれるようになった。堺県の女紅場はこの事業に一役買ったのである。

明治九年「堺県女紅場教則」をつくった。課程を五級とし二年半で卒業、学科は読書算の甲科と裁縫紡織の乙科であるが、乙科の科目は多い。低級から順次むずかしい科目が列挙されている。縫物裁物《たちもの》単物《ひとえ》、袷《あわせ》綿入木綿小形ノ類、糸操綴糸から始まって、袷羽織、絹服洋服、袋物織物、養蚕製糸、飲食調理と多彩である。明治十一年、女紅場の教育には読書算の学科もあるからと名称を「女校」に変えた。十二年の女校数二七校、生徒一、五九二名、教員女九四、男一三名と記録されている（『文部省第七年報』）。

十四年二月、堺県は大阪府に併合された。十六年十二月、文部省書記官安東清人は大阪府の巡視を命じられた。安東の堺区中央裁縫場（中央女紅場のことであろう）巡視記事に次がある。

教員ハ六等訓導男一名、助教以下女教員一七名アリ。生徒合計二二四名アリ。巡視ノ日、出席一五七名アリタリ。家屋は新ラシキ平屋ニシテ教場ハ総テ疊敷ナリ。授業ハ裁縫織機紡績等ヲ目撃シ又生徒ノ製作品ヲ見タリシガ某業大ニ進ミ居ルカ如シ。但シ読書算術等ノ学科ハ誠ニ不整備ニシテ一附加物ノ姿ナルヲ免カレズ

隆々発展とまではいかないが、堺県流の女紅場→女校が続いていたことがわかる。時は改正教育令期で、「小学校教則綱領」も公布されて公立小中学校が整備されようとした時である。女紅場→女校は各種学校の扱いで裁縫女学校への道を歩む途次であった。

共立女子職業学校と創立者宮川保全《やすとも》

明治十九年八月二十二日の『東京日日新聞』に次の記事がある。

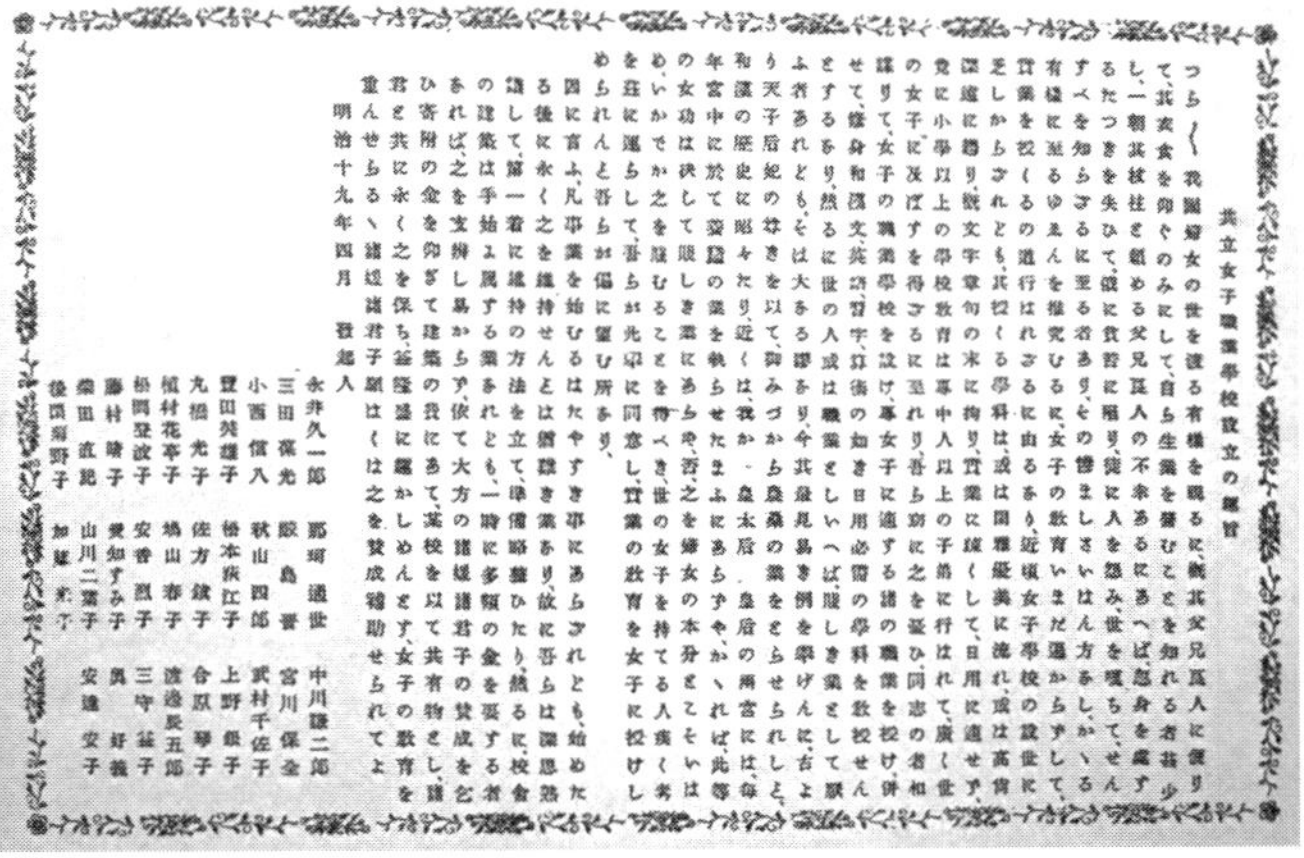

共立女子職業學校設立の趣旨

つら〳〵我國婦女の世を渡る有様を觀るに概ね其父兄良人に便りて其衣食を仰ぐのみにして自ら生業を營むことを知れる者甚少し一朝其杖柱と頼める父兄良人の不幸あるにあへば忽ち身を處するたつきを失ひて俄に貧窘に陥り徒に人を怨み世を嘆ちてせんすべを知らざるに至る者ありその傷ましさいはん方なしかゝる有様に至るゆゑんを推究むるに女子の教育いまだ遍からずして實業を授くるの道行はれざるに由るなり近頃女子學校の設世に乏しからざれども其授くる學科は或は困難優美に流れ或は高尚深遠に趨り徒に文字章句の末に拘り實業に疎くして日用に適せず要に小學以上の學校教育は專ら中人以上の子弟に行はれて廣く世の女子に及ぼすを得ざるに至れり吾ら竊に之を憂ひ同志の者相謀りて女子の職業學校を設け專ら女子に適する諸の職業を授け併せて修身和漢文英語習字算術の如き日用必需の學科を教授せんとするなり然るに世の人或は職業といへば賤しき業として厭ふ者あれどもそは大なる謬なり今其最見易き例を擧げんに古より天子后妃の尊きを以て躬みづから蠶桑の業をさらせられしこと和漢の歴史に照々たり近くは我か　皇太后　皇后の兩宮には毎年宮中に於て養蠶の業を執らせたまふにあらずやかゝれば此等の女功は決して賤しき業にあらず否之を婦女の本分とこそいはめいかでか之を賤むることを得べき世の女子を持てる人疾く考を茲に運らして吾らが先鞭に同意し實業の教育を女子に授けしめられんと吾らが偏に望む所なり

因に言ふ凡事業を始むるはたやすき事にあらざれども始めたる後に永く之を維持せんとは猶難き業なり故に吾らは深思熟議して第一着に維持の方法を立て準備略整ひたり然るに校舍の建築は手始より要する費あれども一時に多額の金を要する者なれば之を支辨し易からず依て大方の諸姉諸君子の贊成を乞ひ寄附の金を仰ぎて建築の費にあて該校を以て共有物とし諸君と共に永く之を保ち益隆盛に趨かしめんとす女子の教育を重んぜらるゝ諸姉諸君子願はくは之を贊成補助せられてよ

明治十九年四月　發起人

永井久一郎　那珂通世　中川謙二郎
三田葆光　殿島晉　宮川保全
小西信八　秋山四郎　武村千佐子
豐田芙雄子　檜本疾江子　上野銀子
丸橋光子　佐方鎮子　合原琴子
植村花亭子　鳩山春子　渡邊辰五郎
松岡登波子　安香烈子　三守益子
藤村晴子　愛知すみ子　眞好義
柴田直紀　山川二葉子　安達安子
後閑菊野子　加藤錦子

假事務所
神田錦町二丁目一番地
中央堂

設立趣意書

神田錦町二丁目に取立つる共立女子職業学校は裁縫編物刺繍造花押絵組糸紙細工藁細工阮具洗濯図画等の諸術を教へ兼て読書習字算術家事料理の諸課業をも授くるとの事なれば女子一人前の教育に於て欠くる所なき好学校と言うべし

この共立女子職業学校（現共立女子大学）は同年九月十六日に開校式をあげるのだが、発起から開校にいたる経緯《いきさつ》を述べよう。

明治十九年四月付「共立女子職業学校設立の趣旨」という一枚刷がある。同年五月発行の『女学雑誌』二二号はこれを掲載している。その趣旨たるや「つらつら我国婦女の世を渡る有様を視るに概《おおむね》其父兄良夫《おっと》に便りて其衣食を仰ぐのみにして自ら生業を営むことを知れる者甚だ少し。一朝其杖柱と頼める父兄良夫《おっと》の不幸あるにあへば忽ち身を処するたつきを失ひて俄《にわか》に貧苦に陥り云々」にはじまりこのような悲惨に会うのは畢竟、女子教育が普及しないからだと説く。また近年、女学校がいくつかできたが、いずれも高尚で文字章句の末をつつくような無駄な学問ばかりする。よってわれわれは、女子の職業学校を設けて女子に適する職業技術を教え、あわせて修身漢文や英語、数学等の日用必須の学科も教えると言うのである。

二九名の発起人が名を連ねているが、すべて東京女子師範学校の関係者である。まず女子師範学校校長だった那珂通世の名がある。女子師範が高等師範女子部になって非職となった。千葉女子師範学校長の時、渡辺辰五郎を見出して千葉女子師範の裁縫教員に採用し、さらに東京女子師範の校長になると田舎に置いておくのは勿体ないと東京女子師範に招いた人である（前述）。そうした縁もあってか、渡辺辰五郎も発起人になっている。中川健次郎は明治十四年以来の東京女子師範の教員で後に東京女高師の校長になった。鳩山春子は官立東京女学校以来の生徒で明治十四年卒業、と同時に附属女学校の教員になった。鳩山以下多数の女性の名があるが、みな女子師範またはその附属学校の教員である。こうした発起人二九名の中にさりげなく宮川保全の名があるが、この宮川保全こそ共立女子職業学校発起の中心人物なのである。

宮川保全は旧幕臣の子として嘉永五（一八七〇）年二月、江戸で生まれた。幕府崩壊後、駿河に移り、沼津兵学校の生徒になったが、同校廃止によって教導団工兵科に入った。沼津兵学校は旧幕府の洋学を引継いでおり、福井、金沢と並んで当時の西洋数学の最高峰と言われていた。宮川はここで西洋数学をみっちり学んだ。明治七年、文部省に入り官立長崎師範学校教員、八年、東京女子師範学校の算術教員、さらに中学師範科の算術代数幾何の教員になった。その間、渡辺辰五郎と知り合い、渡辺の新しい裁縫、特に裁《た》ち方に数学を応用して渡辺を助けた。渡辺が共立女子職業学校の発起人に顔を並べたのは宮川の縁があったのである。

宮川が東京女子師範学校の教育に不満を持ったことは前に述べたが、新しくこれからつくる女子職業学校にどのような考えを持っていたのか。開校を前にしたこの明治十九年において宮川の意見とみられるものは前述の「設立の趣旨」の外にない。しかし大正八年の創立記念日に行った宮川の演説が『共立女子職業学校二十五年史』に載っており、そこに宮川のこの学校にかける女子教育観がみられるのである。宮川は言う。〝自分は東京女子師範開校の時からその教員をしていたが、私立女学校をつくりたかった。東京には女子師範のほかに華族女学校や跡見女学校のような貴族学校があるが、そこで教えるのはあまりに文学的（和漢学も英学も高尚すぎるの意）であって女子に必要な手芸（裁縫をはじめとする女の技術の意）がない。また女学校があると言っても東京の人口か

宮川保全

らみれば九牛の一毛に過ぎない。大体、東京の女子は自分で働いて食べるという考えもなければ習慣もない。よって悠然と親の家に居て歌舞音曲や挿花點茶を楽しんでおり、親もそれを不思議と思わない。女子も成人したら適当な職業を持って働かなければいけない。よって女子に必要な職業教育を施すべく、この女子職業学校を起したのである〟。

このように宮川が感じ考えた女子教育は漸く近代的大都会の様相を帯びてきた東京の女子を対象にした構想であった。本書が述べてきた大阪や金沢、千葉の女紅場や女児小学での裁縫教育は目に入っていない。東京の町人の娘たちがお喋りで、人気役者の噂や歌舞音曲にうつつを抜かしてばかりいるとその馬鹿らしさを福澤諭吉が嘆いたことは本書・慶応義塾衣服仕立局の項で述べた通りである。

宮川は女子職業学校の構想が浮かぶや早速、本郷区東竹町の渡辺辰五郎宅を仮教場として裁縫の授業を開始した。女子職業学校の発起人を集めたり趣意書を書いて配るのと同時に行っている。東竹町の渡辺の仮教場は生徒で忽ち一杯になった。そこで弓町二丁目の仮屋に移転したが、生徒が増えて断るくらいであった。そこで宮川は施設設備の充分な校舎をつくり、寄附を集めて学校維持を堅固にせねばならぬと考え、女子師範時代の同僚で今は文部省の役人になっている永井久一郎（作家永井荷風の父）に相談した。永井は宮川の小さな校舎設立計画を止めさせ、文部省書記官・服部一三、文部省会計局次長・手島精一に相談を持ちかけた。二人は宮川の趣旨に讃同し、発起人になると同時に八方手を尽した。その友人達の斡旋で、神田区錦町二丁目の文部省が所轄している邸宅を借り受け、そこに女子職業学校を開校したのである。

明治十九年八月、東京府知事は学校設立者・宮川保全に私立学校の認可を発した。学校長・服部一三、学校長補・手島精一、幹事・宮川保全という体制で共立女子職業学校は発足した。

初代校長・服部一三《はっとりいちぞう》と補佐・手島精一

初代・共立女子職業学校校長・服部一三、校長補・手島精一はいかなる経歴を持ち、どのような女子教育観を持った人物であったか。

服部一三

服部一三は嘉永四（一八五一）年、山口藩士の子として生まれた。藩の吉敷憲章館で漢学を学び長崎へ出て英学を学んだ。明治二年、渡米し、ラトガスカレッジを卒業、明治八年帰国、九年、文部省督学局に出仕、東京英語学校長、東京大学予備門主幹、大阪専門学校総理、東京大学法学部長等を歴任し、十六年農商務省御用掛を兼ねて再び欧米各国の学事を視察、帰国して文部省参事官に就任したところ、共立女子職業学校創立の挙に出合ったのである。

服部の職業教育論は「教育時論八一号」(明治二十年七月)にみられる。彼は言う。日本の職業教育は年季奉公の方法で行われてきた。一〇歳ぐらいから奉公にでて凡そ一〇年かかる。早く生計を立てねばならぬ人にとってこれはあまりに長い。親方は丁稚を私用に使いたがるが職業技術を早く教える法を知らない。新しい学校のやり方で教えれば、大体その三分の一程度で教えることができる。職業教育の第一は期間の短縮である。第二は自ら働いて金をつくる方法を教えることである。学んで知識が増せば慾望もふえる。それには金がいる。金がないと慾望と釣合わなくて不幸になる。自ら働いて金を作ることを学ばせねばならない。第三は製造品の需要と供給の関係を教えることである。商人になるにしても製造者になるにしてもこの関係を知らなければ金は得られない。職業学校はこの三つを教えて自立できる人間を育てるのであるとした。

手島精一は沼津藩士の子として江戸藩邸で生まれた。藩邸内の洋学所で英語を習い、明治三年渡米してラファイエットカレッジで理学を学び、岩倉大使一行の通訳としてヨーロッパを見学、明治七年、帰国した。翌年東京開成学校監事、明治九年、文部省に勤務、田中不二麿に従い米国独立百年記念博覧会の日本出品の処理をした。十一年、パリ万国博覧会の出品処理、帰国後十四年、東京職工学校(現東京工業大学の前身)の設立に貢献、同年、東京博物館館長になった。彼が宮川保全に接して共立女子職業学校に関わったのは、このように欧米の文化との交流を主任務とする文部官僚としてその第一線に活躍中の時であった。女子職業教育について、当時、彼のまとまった所説はない。しかしその後、文部省の実業教育の中枢を歩き、成果をあげた人物として、時折語った記録の中に女子職業教育について彼の考え方が窺える。彼は言う「日本の女子は職業を営むこと」を考えない風がある。「或は親の為と言い、夫の為と言って身を泥中に沈めることが少くない」。日本のみならず、上海、香港、シンガポール、アメリカにも日本人の娼婦がいる。「婦人がかかる賎業を営むのは一に智識の欠乏の結果、賎業を賎業と思わないからであるが、一面、世に立つ道を知らないからでもある。彼らに独立自営の途を授けたら賎業婦たらずにすむのである」。よって女子職業学校に力を入れる（『手島精一先生伝』）。また言う。欧州婦人の偉いところは台所、寺院、子どもの三つに集約できる。即ち台所の鍵を握って調理、食品、一家の衛生を心掛ける。教会に通って婦徳を磨く。育児に注意を払ってよき家庭をつくる。日本の女子も琴茶挿花等の稽古から脱して家庭に必用な裁縫技術を学ばなければならない（「和洋裁縫講義録」）。前に掲げた「共立女子職業学校設立趣意書」は創立者宮川保全だけでなく、服部一三、手島精一の思想が反映したものである。

手島精一

女子の自立を建学精神とするこの学校の経営方針はこれまでの女学校とは著しく違ったものであった。明治十九年八月十三日付、校長服部一三から東京府知事・髙崎五六宛に提出された「設置願」（東京都公文書館蔵）をみよう。

「設置願」は「女子に適応する諸職業を授け、広く世の婦女子に実業を得しめんとするに在り」という目的のもと、課程を大きく甲科（尋常小学卒業満一〇歳入学、期三年）と乙科（入学資格なし満一五歳以上、期なし）の二科とし、授業料一ヶ月甲科一円、乙科五〇銭としている。定員は甲科乙科各一五〇名、別に随意科（定員なし）月三〇銭もある。この授業料収入が一年間で二、六四〇円、これと束脩（入学金、金額定めなし）の総額を一〇〇円とふんで、一年間の総収入を二、七四〇円としているのである。支出は一ヶ年総額二、七四〇円、その内訳は

一、二〇〇円　教員六名給
三六〇円　幹事一名給
二四〇円　書記二名給
九六円　小使二名給
三二〇円　器械費
二六〇円　筆墨紙薪炭油費

二六四円　諸雑費

となっている。

一年間の教育経費をすべて授業料収入でまかなおうとしているのである。しかし生徒は予定通りに集まるのだろうか。『女学雑誌』四四号（明治十九年十二月）は次のように伝えている。

神田の女子職業学校への入学志望者は日増に増加して今日に於ては総生徒の数二五〇名の多きに及び尚ほ五、六〇名も志願の婦人ある趣きなれども校舎の狭きが為め当分入学を謝絶したる程なり。

女子職業学校の第一年度報告では甲科一〇五人、乙科一一二人、総計二一七人とあり、「設置願」の定員・甲科乙科計三〇〇人は三年後即ち完成年度の生徒数であるから、開校初年度で二一七人の生徒が集まったことは順調な滑り出しと言わねばならない。明治二十一年の生徒総数をあげると二二六→二六七と増加し、明治二十三年には予定を上廻る三四二人になった。授業料は二十年九月、甲科一円三〇銭、乙科八〇銭に増額した。

この学校はまた生徒の作品を売り捌いてその収益を学校経営の一助とした。ある女学校生徒の洋服五〇揃仕立とか、宮内省より数々の造花の御注文、ニューヨーク州立商工会社から数多の注文があった。〝婦人の独立〟の趣旨からであろう。生徒への報酬として利益の半額を生徒に渡し、貯金させた。前《さき》の『女学雑誌』四四号は次のように記している。

同校にては生徒の手に成りたる品々をば一般人の望に応じ売捌き一品毎に其利潤を半分して其半（なかば）を労力に酬ゆる定めなれども尚ほ同校の思ひ付にて直ちに之を渡さず其本人の名を以て悉皆駅逓局（現郵便局）の貯金課へ預け置き積金と為す趣向なり。

華族女学校や跡見女学校は宮内省や貴族社会の後援があり、ミッションスクールは外国ミッションの資金援助があった。府県の女学校は乏しい地方財政の中からであるが、地方税によった。関西方面の女紅場の中には生徒の作品を販売した所もあったが、その売上で学校を経営するとか、生徒に還元するまでに至らなかった。共立女子職業学校によって、はじめて自活できる私立女学校が登場したのである。個人の手による私塾型の女学校でなく、現在の学校法人型の共立女子職業学校の成立は女学校としても私立学校としても画期的なことであった。

共立女子職業学校の授業

この学校の授業については「設置願」に各学科の「授業要旨」が、十九年八月につくった「規則摘要」に課程表が、「第一学年報告書」（自十九年九月至二十年八月）に一年間の授業報告が載っている。これらによって発足当初の授業をみよう。

「設置願」には「術科授業要旨」として裁縫、編物、刺繍、造花、押絵、組糸、図画が、「学科授業要旨」として読書、習字、算術、家事、理科の授業要旨が書かれている。短期課程の乙科は〝甲科に準ず〟となっている。主要と思えるいくつかを示そう。

裁縫　日本服は男女の小裁衣服より中裁本裁衣服、帯、羽織、袴等に至り洋服はミシン使用法により子供及婦人の衣服及附属品に至る教授の順序は先づ裁縫の要領を説明し遂に実物に就きて練習せしむ。

編物　初にフックを以て襟巻、肩掛及室内粧飾品等の編方を教へ次にメリヤス編の手袋靴下等を教ふ。

算術　筆算は加減乗除より比例に至り珠算は加減乗除を授け併せて簡易の簿記を教ふ。之を授くるには毎法其理を説明し実際に適切なる問題を与へて応用の力を養ふ。

理科　火、水、空気等に関する理化学上の現象事実及有用動植物の性質功用を教ふ。

以上は開校前の授業計画、予定である。開校後の実際について「第一学年報告書」は次のように記している。

裁縫　洋服の需要頓に増加するに随ひ此技に従事するもの亦頗る多く現に甲科は九八人、乙科に七六人にして術科中裁縫を修むる生徒を最多数とす。本学年中此科に於て世上の注文に応じ生徒をして製作せしめたる子供洋服の数一四七種、婦人洋服の数二八五種、和服の数七〇種下着の数三二〇種なり。

編物　此科は毛糸、木綿糸等を以て靴下、帽子、肩掛、襯衣《はだぎ》の編方を授くるものにして是亦洋服の需要と共に需要多きを見る故に此科を修めんとする者亦甚だ多く現に甲科に五〇人、乙科に六〇人あり。又世上の注文に応じたる数は一三〇種なり。今編物の前途を考ふるに婦人の之を脩むるの必要あるは勿論なりと雖、此技は稍々容易くして数年の後は毎家皆編物を為し得るに至るべし。

開校前、予定せず、急きょ加えた科目に飾帽がある。

飾帽　此科は子供及婦人帽子に絹地及び造花を以て脩飾の仕方を授くるものにして洋服の

需要を伴うて此技を脩めんとするもの亦頗る多しと雖、教員は一名にして多数の生徒を教授するに由なし。且生徒も多少美術上の思想あるものにして帽子の材料なる絹地、造花の位置及び配色等に注意して調製するに非らざれば能く市場に販路を見出すこと難し。故に此科を脩めんとする志望者の多きに拘らず当校は其人員を制限せしを以て他の科に比して生徒の数僅少なり。而して此科は本年二月より創設したりと雖、既に世上の注文に応じ調製せし帽子の数一二五種の多きに至れり。

開校当時の実科授業は「設置願」の通りでなく、和洋の裁縫と編物と飾帽であった。裁縫のうち和裁は渡辺辰五郎、洋裁と編物は山崎ラウラ、飾帽の担当者は不明である。山崎ラウラはドイツ人で来日して、東京府士族山崎と結婚した。明治二十年から大正八年まで女子職業学校の教員であった。

山崎ラウラ

図画も「規則」では「第一年水墨画、鉛筆画、第二年灰筆画、用器画、蒔絵、陶器画」となっていたが、開校初年の実際は「日本画（模様画、水墨画、彩色画、写生画）、陶器画（東京職工学校で研究した

跡見玉枝

吾妻焼に描く）外人の嗜好に適す、女子の職業として有望」となっている。図画の授業は跡見玉枝が担当した。跡見玉枝の経歴は不明だが、東京職工学校の縁が書かれているから校長補・手島精一につながる女性であったかも知れない。

学科の授業担当について記したものは見当らない。しかし経歴や事情からみて、算術は宮川保全監事、理科は手島精一校長補、読書は英語を加えて鳩山春子が担当したと思われる。教育課程や授業の実際について記したものも見当らないが、生徒が増加し、女子職業学校を讃美する記事が多くみられるから授業は年々充実していったものと思われる。これまで見た通り、「設置願」に書かれた学科、授業要旨通りでなく、時の流行、時運を巧みにとらえて授業を進化させていったのである。

『女学雑誌』は共立女子職業学校に注目し、次のような記事をつくっている。

　女子職業学校出品。同校生徒の手製品を巴里萬国博覧会へ出品する趣は曽て記せしが、製造中の物品は刺繍五品、図画三〇品、造花四〇品にて何れも日本固有の花鳥を絵き製造するものなりと言う（明治二十一年五月第一〇九号）。

明治二十一年十一月「女子職業の問題も漸く実際に盛ならんとす。府下に女子職業学校の起りたるは明治十九年九月なりしに僅かに二年餘の今日、已に左の如き卒業生を出せり。裁縫科二九人、編物科一四人、刺繍科六人、図画科二人。吾人卒業式の当日行て参観したるに授業の進歩の速かなるを実に驚くべく、其の製作したる品物の好く出来たるを更に驚くべし。今より二、三年を経ば、年々一、二〇〇人の女工之れより卒業して職業にて独立生計する女子甚だ多くなるべし。如何に男性の遊民がた、何にとか感ぜらるる」（第一三六号）。創立者・宮川保全、その盟友・服部一三、手島精一らが想い画いた女子に適する職業技術を教えて、女子が職業において独立するという女子教育の理想は、職業学校創立三年目にして早くもその実現の萌しが見えたのであった。

共立女子職業学校教場図
（『風俗画法』193号、明治32年）

古来、日本では紡績（績《う》み紡《つ》むいで糸をつくる）裁縫

（裁《た》ち縫《ぬ》う）は女性の仕事とされてきた。江戸時代になるとマニュファクチャーの発達で紡績は農民女性の仕事になり、裁縫は武家と上層農商人女性の教養になった。関東地方でいう〝お針屋〟が城下町や集落に叢生し娘たちはそこに通って裁縫を習った。明治政府ははじめ急進的に欧米の教育を日本に移そうとしたので小学校も中学校も男女平等をたてまえとした。ために女子は新しい学校になじめず、親も女子を就学させなかった。しかし府県や在地の指導者は現実的に女子を学校に通わせようとした。それには学校で裁縫を学ばせねばならない。お針屋のような個人指導でなく、カリキュラムの中に裁縫を組み込んだ組織的集団的教育でなければならない。かくして京阪地方を中心に女紅場が起り、金沢や房総の地に女児小学がおこった。しかし目指すところは必ずしも同一ではなかった。女性の教養として裁縫を学ばせるとした京都の正貞女紅場や金沢、房総の女児小学がある一方、堺県の女紅場のように紡績会社の女工養成の女紅場もあった。京都祇園の女紅場を代表とする遊女女紅場も全国的に散在していた。学校で裁縫を教えると言っても裁縫教員を養成するところがなかった。ここに渡辺辰五郎という天才的な裁縫教師が現われて女子師範学校や独自の渡辺裁縫女学校で裁縫の専門教師を養成する。さらに女性の職業的独立を目指した共立女子職業学校の成立によって裁縫手芸の教育は中等教育の一つに位置づけられ、さらに高等専門教育機関としての発展が展望されるようになったのである。

参考文献

『大阪府教育百年史』第一巻概説編　資料編
梅溪昇『大阪府の教育史』
大森久治『明治の小学校』
『日本産業史大系』六・近畿地方編
髙野俊『明治初期女児小学の研究』
『金沢市教育史稿』
『渡辺学園九十年史』
長坂金雄『全国学校沿革史』
『共立女子学園百年史』
『手島精一先生伝』

エピローグ

前時代から続いた裁縫の教育、明治初年の英語学習をきっかけとして起こった女子の高等普通教育、そして明治八年にはじまった女子師範学校、三者三様に曲折をへながらもそれぞれ成長し明治二十年前後には、ある到達点に達した。

三者の中で最も後発の女子師範学校は模範的女学校をつくるのか、女教員養成に徹するのか基本姿勢が定まらないまま、校長の性格によって漢学中心、国学中心、洋学中心に揺らぎ、文部省の直轄だけに理想的な学科課程がつくられたが実際と乖離したりした。殊に鹿鳴館華やかな一時期は東京女子師範学校の生徒がその渦に巻き込まれ、世の顰蹙を買った。地方各県の女子師範も多くは県令の意向でできたものの県会の歳費否決や削減に悩まされねばならなかった。しかし明治十九年の「師範学校令」によって師範学校体制が築かれ、女教員養成学校の軌道が見通せるようになった。明治二十三年の女子高等師範学校の成立は女教員養成学校の最高峰ができたことで、これを象徴するものであった。

女子の高等普通教育は初歩の英語語彙学習から次第に世界の地理、歴史、文学を学ぶうちに男子の高等普通教育と肩を並べるレベルまでに向上した。この時期の女学校は西洋キリスト教、とりわけアメリカプロテスタント系のミッション女学校が多く、活発だったので、その教育もアメリカプラグマティズムの影響が強い。同時に行われた跡見女学校や華族女学校が古典的国学風であり、女大学式行儀見習風であったのに対し、ミッション系女学校の国語・家政は現代国語風であり、実用的家政学風であった。当初は外国の婦人宣教師が教師であったが明治二十年近くになるとそこで育った日本女性が教師になり校長になった。桜井ちか子や矢島楫子はその典型である。こうして高等普通教育の高等女学校の雛形が明治二十年頃、でき上がったのである。

紡織裁縫は古来、日本では女性の手芸であったが、江戸時代、裁縫は武士と上層農民商人の女子の学び、紡織は農家の家内工業《マニュファクチャー》になっていた。明治の学校体制は織物工業と結びつく女紅場と裁縫を主に教える女児学校を一般の学校と別けて動きだした。しかし女紅場には遊女の厚生を目指すものがあったのでやがて女紅場の名はなくなり、裁縫女学校になった。

ところで近世以来、裁縫の学習は裁縫師匠の家に行って習う個人教授であった。多数の生徒を同時一斉に授業する学校教育になじまない。ここに渡辺辰五郎という天才が現れて学校で教える裁縫授業をあみ出した。これによって裁縫という学科目が日本の女学校に定着した。明治二十年の二、三年前のことである。

近世以来、この頃まで日本の女性は職業をもって経済的に自立するということがなかった。嫁して夫に仕えるというのが封建社会の道徳であったからである。嫁すことができない娘で身を売った売春婦が、強いて言えば職業婦人であった。これではいけない。もっと健全な職業を身につけて経済的に自立した女性にならねばならぬとする信条のもとに明治十九年開校したのが共立女子職業学校である。明治初年の裁縫塾や女紅場となんと違うことか。約二十年にして裁縫の女子教育は長足の進歩を遂げたのである。

動乱の明治維新に幕を開けた本書『女学校の誕生』女子教育史散策・明治前期編はひとまずここで幕を閉じよう。

著 者 紹 介

神辺靖光（かんべ　やすみつ）

1956 年 3 月　早稲田大学大学院文学研究科教育学専修博士課程全単位取得
1979 年 6 月　文学博士（早稲田大学）
1978 年 4 月　国士舘大学文学部教授（1985 年 12 月まで）
1986 年 1 月　兵庫教育大学学校教育学部教授兼大学院教授（1994 年 3 月定年退職）
1994 年 4 月　明星大学人文学部教授兼大学院教授（1999 年 3 月定年退職）
1964 年以降　早稲田大学文学部，早稲田大学法学部非常勤講師（1999 年 3 月まで）
1988 年以降　九州大学教育学部，広島大学大学院，姫路独協大学大学院，京都教育大学大学院等で「教育史特論」の集中講義（1995 年まで）
1991 年 4 月　放送大学「教育の歴史」講師（1998 年まで）

主要編著書

『日本における中学校形成史の研究　明治初期編』多賀出版，1993 年
『明治前期中学校形成史　府県別編Ⅰ』梓出版社，2006 年
『明治の教育史を散策する』梓出版社，2010 年
『明治前期中学校形成史　府県別編Ⅱ　環瀬戸内海』梓出版社，2013 年
『明治前期中学校形成史　府県別編Ⅲ　東日本』梓出版社，2014 年
『続　明治の教育史を散策する』梓出版社，2015 年
『明治前期中学校形成史　府県別編Ⅳ　北陸東海』梓出版社，2018 年

女学校の誕生　女子教育史散策　明治前期編

2019年8月20日　第1刷発行　〈検印省略〉

著　者©　神辺靖光
発行者　本谷高哲
印　刷　シナノ書籍印刷
東京都豊島区池袋4-32-8

発行所　梓出版社
千葉県松戸市新松戸7-65
電話・FAX 047-344-8118

乱丁・落丁本はお取り替えいたします
ISBN 978-4-87262-648-3　C3037